绸都果城·灵秀南充

南充文史资料第三十一辑

历史名人卷

中国人民政治协商会议南充市委员会 编

中国文史出版社
CHINA CULTURAL AND HISTORICAL PRESS

**图书在版编目（CIP）数据**

绸都果城·灵秀南充. 历史名人卷 / 中国人民政治
协商会议南充市委员会编. -- 北京：中国文史出版社，
2024.12. -- ISBN 978-7-5205-5025-3

Ⅰ. K297.13；K820.871.3

中国国家版本馆 CIP 数据核字第 2024V8Q180 号

责任编辑：程　凤

出版发行：中国文史出版社
社　　址：北京市海淀区西八里庄路 69 号院　邮编：100142
电　　话：010-81136606　81136602　81136603（发行部）
传　　真：010-81136655
设计制作：成都圣立文化传播有限公司
印　　装：成都市兴雅致印务有限责任公司
经　　销：全国新华书店
开　　本：700mm×1000mm　1/16
印　　张：15.5
字　　数：200 千字
版　　次：2024 年 12 月北京第 1 版
印　　次：2024 年 12 月第 1 次印刷
定　　价：88.00 元

南充市位于四川的东北部，嘉陵江中游，南北跨度165公里，东西跨度143公里。其东邻达州市，南连广安市，西与遂宁市、绵阳市接壤，北与广元市、巴中市毗邻，现辖3区（顺庆区、嘉陵区、高坪区）5县（西充县、南部县、仪陇县、蓬安县、营山县），并代管阆中市，面积1.25万平方公里，人口703.21万人，常住人口551.1万人，是四川第二人口大市。

南充地貌以丘陵为主，北部为低山区，由北向南从高丘逐渐变为低丘或低丘平坝，气候四季分明，物产丰富。尤其是美丽的嘉陵江纵贯全境，它不仅养育着这片土地上的儿女，而且还赋予了他们聪明和智慧，故而几千年来，"其民淳朴好义，弗事华侈""家诗户书，人物甚盛"，可谓从古到今，人才济济，名人辈出，他们在各自生活的那个时代中，为中华民族的兴旺与国家的进步均做出了杰出贡献。

特别要提到的是，在中华人民共和国成立前后的过程中，从南充走出去的朱德成为中国人民解放军的总司令，张澜被选为国家副主席，罗瑞卿担任了国务院副总理、中共中央军委总参谋长。

朱德（1886—1976），字玉阶，原名朱代珍，曾用名朱建德。伟大的无产阶级革命家、政治家、军事家，也是中国人民解放军的主要缔造者之一。

为纪念朱德总司令的丰功伟绩，家乡人民在仪陇县马鞍镇琳琅山完整地保存着他的故居，并修建了"朱德同志故居纪念馆"。如今，朱德故里景区不仅是国家AAAAA级旅游景区，也是源远流长的客家文化的展示地，更是山清水秀的天然氧吧。

张澜（1872—1955），字表方，清末秀才，伟大的爱国主义者，著名的民主主义革命家和教育家，也是国家德高望重的领导人之一，中国民主同盟的创建者和领导者，中国共产党的亲密朋友。

为弘扬爱国主义精神，纪念和缅怀张澜先生的历史功绩，以及他那高尚的人格品质与道德风范，南充家乡人民共建有两个纪念景区：一是"张澜纪念馆"，它是1985年南充市人民政府（今顺庆区人民政府）在张澜生前办学、生活、工作和进行社会活动的建华中学旧居内建立的"张澜纪念室"，胡耀邦同志为此题写了馆名，现为全国重点文物保护单位、中国民盟盟员教育基地、全国爱国主义教育基地、四川省青少年教育基地、国家AAA级旅游景区；二是"张澜故里旅游区"，该景区是2012年由西充县人民政府在张澜先生的出生地莲池镇观音堂村开发建成，景区以"张澜故居"为核心，包括"表方广场""张澜生平陈列馆""中国民主同盟历史陈列馆""家风馆""中央民盟林""梅博园""盛祥玫瑰园""民和农博园"等景点，总占地面积5平方公里，2015年1月创建为国家AAAA级旅游景区。

此外，南充市高坪区政府于2010年7月，将埋葬在张澜先生故居（现高坪区都京街道永安村6组南溪口）旁的张崿墓地进行了维修。

张崿（1907—1938），字慕良，1925年在北京大学读书时加入中国共产党，1929年春到德国留学，并在留学生中开展地下工作，1933年为躲避国民党驻德人员对他的监视遂转往苏联。1936年，中共中央为更好地在四川开展统战工作，调派他回国到父亲身边。1938年，张崿因病在成都逝世，终年31岁，后张澜将其灵柩运回南充安葬在自己当时在南溪口的家屋旁。现经过维修后的墓地前建有墓碑，墓碑背面刻有张崿的生平简介，使之成为纪念英烈和进行爱国主义教育的一个重要场所。

罗瑞卿（1906—1978），原名罗其荣，1906年5月31日出生在南充县舞凤乡清泉坝马家坡（今属南充市顺庆区舞凤街道将军路社区），大将军衔，中国无产阶级革命家、军事家。

为展示罗瑞卿同志的丰功伟绩，家乡人民将他在清泉坝的故居打造为"罗瑞卿纪念馆"，现为国家AAA级旅游景区。其故居为清光绪年间修建的一座三合院式木结构穿斗青瓦房，罗瑞卿在此生活了整整20年，故居前的院坝正中屹立着其半身铜像。故居西边的陈列室向人们展示着这位将军的戎马生涯，展品包括其生前的珍贵实物及文史资料、文史照片及绘画数百件，这些展品给人们以启迪和力量，激励人们继承先辈遗愿，不断开拓进取。

此外，胡耀邦（1915—1989），湖南浏阳人，字国光，伟大的无产阶级革命家、政治家，长期担任党的重要领导职务的领导人。他虽然不是南充籍人，但于1949年12月便率部和平解放南充，当时为中国人民解放军第18兵团政治部主任，继后留在南充担任中共川北区党委第一书记兼川北区人民行政公署主任、川北军区政委和西南军政委员会委员，直至1952年7月因调任中央工作才离开南充。在南充期间，他带领川北人民开展"清匪反霸"，镇压反革命；落实统战政策，与党外人士真诚合作；"减租退押"，开展土地改革运动；恢复生产，"征收公粮"，使得解放初期的川北社会持续稳定，经济发展迅速，给南充人民留下了永恒的怀念。

显然，我们可以从朱德总司令、张澜先生、罗瑞卿总参谋长以及胡耀邦总书记的生平与事迹中，看到作为南充名人杰出代表的他们，都毫无例外地秉持着"先天下之忧而忧，后天下之乐而乐"的人生理念，带着鲜明的伦理精神、高远的理想追求、强烈的时代特色，以及突出的实践品格，传承着中华优秀传统文化的责任，同时也在各自所处时代的历史过程中深深地打下自己意志的烙印，并对历史进程产生了深远的影响。正如习近平总书记所言："中国梦的最大特点，就是把国家、民族和个人作为一个命运共同体，把国家利益、民族利益和每个人的具体利益紧紧联系在一起，体现了中华民族的'家国天下'情怀。"

今天，我们编辑《绸都果城·灵秀南充》（历史名人卷），就在于要宣传和学习在他们身上所体现出来的优秀传统文化和民族精神，使之得到继承与发扬，以实现中华民族的伟大复兴，愿该书的出版能在新时代的文化建设中发挥其应有的积极作用。

编 者
2024年10月

# 目录

CONTENTS

# 元明清时期

# 近现代时期

秦汉时期

# "还定三秦"：范目

杨　宁

　　**范目**，生卒年不详，秦末阆中人，巴人首领。周显王三十九年（前330），巴子国迁都阆中，阆中成为古巴子国的国都。秦末汉初，在古老的巴地，范目这位巴地的杰出领袖，以非凡的智慧和勇气，在乱世中崭露头角。

阆中市将军广场范目塑像

秦汉时期 ｜ 范目

## "还定三秦"助刘邦

公元前207年，暴秦灭亡，其后项羽分封诸侯，刘邦被封为汉王，统治汉中、巴蜀地区。但他志在天下，不甘心偏安一隅，然而面对项羽的强大势力，他深知需要韬光养晦，扩充自己的实力，故而在汉中积蓄力量，等待时机。同时，项羽在分封诸侯时，又将原是秦朝的核心地带，地势险要，物产丰富且具有重要战略意义的关中地区分为三块，分别封给章邯、司马欣、董翳三位秦朝降将，时称"三秦之地"，意在遏制刘邦东进。

秦末汉初，风云激荡，"还定三秦"这一重大军事行动，便开启了刘邦逐鹿天下的征程。而在这场波澜壮阔的战争中，范目这位鲜为人知却又举足轻重的人物，以其独特的智慧和勇气，留下了浓墨重彩的一笔。

范目是巴地首领，为人豪爽，富有谋略，他佩服刘邦的雄心大志，深信天下必归汉王，决定率领巴人相助于他。范目于是向刘邦请命，欲率巴人征战平定"三秦"，助汉王夺回八百里秦川。刘邦欣然应允，他深知巴人的勇猛善战，而范目作为巴人的领袖，更是具备卓越的军事才能。

范目深知，要平定"三秦"，必须知己知彼。他对"三秦之地"的地理形势、敌军的部署以及民心向背进行了深入的研究和分析。他发现，三位秦将虽然拥有一定的兵力，但由于他们是秦朝的降将，在当地百姓中的威望不高，而汉王刘邦则以仁义著于天下，若能高举正义之旗，定能赢得民心。

公元前206年，范目率勇猛善战的巴人为汉军前锋，帮助汉王刘邦攻取关中军事要地。在作战策略上，他充分发挥了巴人的特长，巴人自古生活在巴山渝水之间，善于山地作战和流动作战。范目根据这一特点，制定了灵活多变的战术，他带领的巴人军队在正面战斗中运用"巴渝战舞"，那震撼人心的场面令敌胆战心惊，并时而突袭敌军后方，时而截断敌军粮道，时而在山林中设伏，给秦军造成了极大的威慑。在一系列的战斗中，巴人展现出了无畏的勇气和顽强的战斗力，让秦军闻风丧胆。

在攻打关中的过程中，范目所率领的巴军率先攻打陈仓。陈仓地势险要，是关中的重要门户，当时章邯在此部署了大量兵力，防守严密，然而他率领巴军避开敌军的主力，在夜色的掩护下，沿着险峻的山路悄然行进。当黎明的曙光初现，巴军突然出现在陈仓城下，守军大惊失色。范目身先士卒，率领士兵奋勇攻城，巴军个个如猛虎下山，喊杀声一时震天动地，经过一番激烈战斗后，陈仓城被攻破，刘邦的大军得以顺利进入关中。

随后，范目在与司马欣、董翳的多次交锋中，率领巴军始终冲锋在前，奋勇杀敌，经过一系列艰苦的战斗，以及与刘邦汉军的密切配合，先后击败了司马欣和董翳的军队，刘邦终于成功完成"还定三秦"，占据了关中这一重要的战略要地。在这个过程中，范目指挥若定，其智慧和勇气不仅让巴人充满自信与对他的忠心耿耿，同时也赢得了刘邦及其部下对他的尊重和信赖。

范目助刘邦"还定三秦"的功绩，不仅在于军事上的胜利，更重要的是为刘邦在"楚汉争霸"中奠定了坚实的基础。"三秦之地"是关中地区的重要组成部分，其地势险要，更是兵家必争之地，刘邦此战不仅获得了丰富的军需资源和战略要地，更增强了实力和威望，为日后与项羽争夺天下创造了有利条件。刘邦后来正是凭借关中地区的这些有利条件，最终战胜项羽，建立大汉王朝。而范目，这位来自巴地的英雄，也因在"还定三秦"中的杰出表现而名垂青史。

## 巴渝战舞建奇功

在战胜"三秦"的战役中，"巴渝战舞"发挥了不可估量的作用，它在战场上的杀伐之威和律动之美，承载着巴人的英勇、智慧与激情，它不仅演绎出了一段波澜壮阔的历史传奇，更成了巴文化中的一颗璀璨明珠。

巴渝舞的起源可以追溯到远古时期的巴地。古代巴人主要生活在现重庆及川东北崇山峻岭之间，他们长期在与大自然的搏斗以及与外敌的抗争中，塑造了一种坚韧不拔的民族性格。巴渝舞最初来自巴地民间，是巴人在狩猎时的一种仪式舞蹈，他们通过强烈的舞蹈节奏、刚健的形体动作，以激发自身的勇气与野兽搏斗。舞者身着独特的服饰，手持武器，并伴随着激昂的鼓点，以跳跃、旋转的身姿与呐喊的声响，展现出巴人的英勇无畏。后来随着历史的发展，巴渝舞从狩猎舞逐渐演进成了战舞，其实原本狩猎就是一场你死我活的拼杀，以置对手于死地为最终目标。

在"还定三秦"的战斗中，巴渝舞作为鼓舞士气的战舞，引领着巴人勇往直前，冲锋陷阵，使其成了一种对敌的强大心理武器。战前，巴渝舞那刚劲有力的舞姿让战士们热血沸腾，忘却生死；战中，巴渝舞的节奏仿佛是战斗的号角，战场上那整齐划一的动作，坚定的眼神，以及伴随着舞蹈节奏而喊出的震耳欲聋的声音，让敌军心生畏惧。也正是这种将舞蹈与战争相结合的独特方式，使得范目所率领的巴人军队在战场上所向披靡。

巴渝舞不仅是一种战斗的舞蹈，更是巴文化中巴人庆祝丰收、祭祀祖先的一种方式，还蕴含着巴人的溯源记忆、宗教信仰、价值观念和审美情趣，并通过这种方式传承先辈的智慧和信仰，以及巴文化中那多彩的丰富内容。在历史演变的过程中，巴渝舞也逐渐成了巴地人们日常生活中的一部分，并不断吸收新的元素，不仅融合了巴地的风土人情和时代的变迁，而且使其更加丰富多彩，更具生命力。

西汉初，汉高祖刘邦将巴渝舞引入宫廷，使之成为宫廷乐舞的一部分。巴渝舞由于其独特的风格和强烈的表现力，受到了朝臣们的喜爱和重视，他们对其进行了一定的改编和规范，但依然保存了其原始的粗犷和豪放。

此后，巴渝舞在阆苑大地也世代流传，清代江南文人吴宓在《游巴西杂咏》一诗中描绘道：

阆苑景色秀，江山十二楼。
歌舞巴渝盛，古风尚存留。
巴象鼓声骤，列队环街游。
今朝闻遗响，遥念范三侯。

阆中市中学生演出的巴渝舞

巴渝舞传至今天，范目家乡又称之为"巴相鼓""八仙鼓"，它被专家喻为"舞蹈的活化石"，现已申报为非物质文化遗产。巴渝舞是中华文化的瑰宝，作为非物质文化遗产，它是中华民族共同的精神文化财富，我们应当将巴渝舞推向世界的舞台，让更多的人领略到它的魅力，让它在新时代续写新辉煌。

## 三辞封侯回阆中

在历史的长河中，无数英雄豪杰为了功名利禄而拼尽全力，封侯拜相成了他们梦寐以求的荣耀。然而，范目这位来自巴地的战将，以其三次辞去封侯之赏，其忠诚和淡泊名利的高洁品行令人敬仰。

范目"还定三秦"后，刘邦因其战功封长安建章侯，随后拟东出函谷关（现河南境内）与项羽争夺天下，然因巴人思乡，不愿远征，刘邦挽留不住，便以范目居住在阆中鹡鸰乡（现阆中彭城镇境内，"鹡鸰"为"慈凫"），改封他为鹡鸰侯，但他仍推辞不受。对此，刘邦又以范目渡过沔水帮助自己，改封他为渡沔侯，并免除了参战七姓巴人的赋税。范目因三次被刘邦封侯，故有"范三侯"之称。

在灭"三秦"后，范目即求还乡，当他向刘邦表明自己辞去封侯的决心时，刘邦感到十分惊讶和不解，以各种优厚的条件劝说他改变主意，并试图挽留他。但范目心意已决，他言辞恳切地向刘邦表达了自己的想法和对巴地百姓的牵挂。刘邦最终被范目的真诚所打动，尊重了他的选择。

随后，范目带着跟他征战的巴人回到阆中，受到家乡百姓的热烈欢迎。在家乡，他积极推动巴地的建设，鼓励农业生产，教导巴人团结友爱，共同建设美好家园。在范目的努力下，巴地逐渐恢复了战前的生机和活力，人们安居乐业，当地的文化和传统也得到进一步的传承和发展。

后来，家乡人为了纪念他，在其故里鹔鸐乡修建了"鹔鸐侯庙"。明嘉靖二十一年（1542），因年久失修，又在原址上重建。据明嘉靖《保宁府志》载，当时四川按察司佥事、川北道台杨瞻主持该庙的重建，地址在现城南约30里的彭城镇慈鸐坝赐绯山下，即今存之圆觉寺附近。杨瞻亲笔写下《重建鹔鸐侯庙记》，原文如下：

府城南三十里许有鹔鸐坝，为汉范将军故里。将军辅高帝为功臣。按汉史：高帝王汉中，还定三秦之日，将军自阆领賨人平定关陕。及天下大定，论功议赏，当受侯爵，帝以将军产鹔鸐，遂封鹔鸐侯。卒，葬于此。土人因立庙于侧，二千余年不废。入正德（指明正德年间）来，屡遭兵旱，庙就倾圮，墓傍地多为邻人侵之。嘉靖壬寅，余以监察御史出佥蜀宪，驻节阆中，因记将军为阆人，命推官郭公谦廉其祠墓。墓左父老，前一夕，忽梦将军告曰："我范将军目也，我祠久废，墓数数为人侵耕，明发观察公当令人来吊我，汝其厚遇之。"次日巳刻，郭推官果遣县典史杨孟荣来，父老举惊讶异其梦，适知府谢君上箴至，遂董治之。为庙二楹，为大门一楹。余为扁（即横匾）曰"汉鹔鸐侯庙"。墓傍地悉清，士倬刻碑阴；仍大书"汉鹔鸐侯范公讳目故里"，刻石立于彭城铺；又大书"汉鹔鸐侯范公讳目墓"，道刻石立于墓前。定春秋二祀，"庙可冀其不废，墓可冀其不犯"云。推官率耆旧来请记，余曰：乡先生殁而祀于社，矧有功德于社稷者耶？将军翊戴汉室，克除僭乱，助成四百年炎刘之业，庙祀宜矣。况一举动之、顷辄形梦应，遇旱潦疾疫而之，夫岂有不应者耶？吾民尚知所以崇奉之哉，吾民尚知所以崇奉之哉！

现在，鹮㲾侯庙虽已不存，却有先贤文字存史。在阆中这片古老的土地上，范目成了当地世代传颂的佳话，他的高洁品行也正在激励着一代又一代的乡民热爱家乡，建设家乡。范目的这段史实让我们看到，在历史的洪流中，总有一些人能够超越世俗的追求，以高尚的精神境界和无私的奉献精神，坚守自己的初心和信念。

阆中——巴国故都，这片土地赋予了范目坚韧不拔的性格和宽广的胸怀。时光荏苒，尽管范目已成为历史的记忆，但他的故事在阆中永远流传，他不仅是阆中人民的骄傲，更是这片土地上永恒的传奇。

## 【参考文献】

1. 徐继镛：《阆中县志》，四川人民出版社，1993年。

2. 常璩：《华阳国志·巴志》，齐鲁书社，2010年。

3. 贾大泉、陈世松：《四川通史·巴郡有属县12》，四川人民出版社，2018年。

4. 杨瞻、杨思震：《保宁府志》，明嘉靖年间。

5. 司马迁：《史记·淮阴侯列传》，西汉。

（杨宁，中共阆中市委党校高级讲师，史学硕士）

# "诳楚存汉"将军：纪信

吉怀康

纪信（？—前204），字成，汉初将军，秦末巴郡阆中县高阳里瓜子沟（今四川省南充市西充县关文镇纪公庙村瓜子沟）人，因其鸿门救驾，荥阳诳楚，舍身存汉，乃开创汉朝400年基业的第一功臣，故其家乡有"忠义之邦"之誉。

复刻于开汉楼旁的"忠义之邦"石刻

　　纪信出生于西充，据南宋《方舆胜览》（卷六十三）"顺庆府人物"载，郡守赵不抾《鼓角楼记》："果之为州，山深水长，秀气所钟，古今人物不绝"，纪将军"其大陵镇则有扶龙山，志在高阳之扶龙村（现西充关文镇纪公庙村），盖纪信此县人，祠在紫崕"。明《一统志·顺庆志》"古迹"条载："纪信宅在西充县高阳里扶龙村。"明代《蜀中广记》记载，西充"大陵镇则有扶龙山，盖纪信此县人，生在高阳之扶龙村，祠在紫岩"。清康熙朝《西充县志》记："走马岭治东三十里，下即纪信宅，《记》所载扶龙村是也。信得神马，常游于此，故名。"明万历四年，西充县县令马腾云在县城城西王爷垭口立"汉将军纪信故里"碑，至今尚存，故此地又名"将军碑"。西充纪公庙村尚有鸡公嘴、扬驰岭、神马洞、歇马桥、放弓垭等与纪信相关的地名和传说。

　　纪信出生在高阳山东北面高阳里的一户农家里。民间相传，其父母结婚10年后生下他，其母生他之前得一梦，梦见有一穿华服、乘大轿之贵人在彩旗开道、鼓乐齐鸣之中来到面前，手捧一信向她大礼参拜，其父认为此梦乃吉祥之兆，便给他取名为"信"，并希望梦境成真，故又取字为"成"。

　　光阴荏苒，纪信到了入学的年龄，父母便把他送到外公家附近的祈仙宫季先生门下受教。纪信继承西充人尊师重教的优良传统，勤奋读书，常常挑灯苦读至深夜。据传有一天，他见路边山嘴上有一巨石，形似昂首啼鸣的公鸡（人称鸡公石），为防晚起迟到，便突发奇想，上前参拜，祈求石鸡每天能为之啼鸣报晓。3天后，鸡公石果真开始打鸣，从此纪信天天闻声而起，从不迟到。石鸡报晓的故事不胫而走，代代相传至今。

　　又传，纪信长大后喜爱习武，有一天他练功回家，忽闻马嘶，循声望去，只见草坪上一匹高头大马正埋头吃草，此马见到他也不躲不躁，于是他好奇地伸手抚马，马儿却突然无影无踪，而他手中反倒握着一根青竹杖。他既惊且喜，心想马能变杖，杖也可能变马，于是大声喝道："变！"一匹骏马果真立现身前，他怕惹出麻烦，便把马牵到附近的山洞里隐藏，谁知马儿又消失，洞中水函里却有一条青蛇正昂头望着他，此后人们就把他藏马的山洞叫"神马洞"或"龙马洞"。纪信故居前的山叫扬驰岭，又名走马岭，相传是纪信练习骑射之地，纪信放弓的山垭则叫放弓垭。岭下就是龙马洞，邻村有座歇马桥，是纪信饮马歇息的地方，历代官员到纪公庙祭祀，经过此桥必须文官下轿、武官下马。

秦末，农民起义风起云涌，纪信从小惜弱怜贫、匡扶正义，此时他正值青年，遂翻越秦岭，步行千里而投奔刘邦。据《南充县志·序》称："充之先有纪信者，从汉高帝起兵，为部曲长。"文武双全的他历经多次血与火的拼杀，迅速成长为汉王帐下一员智勇兼备的将军。

公元前207年10月，纪信追随刘邦率领的反秦大军杀入咸阳，秦亡。当年底，汉军驻霸上，并派兵东守函谷关。项羽闻知大怒，率40万大军破关而入进驻鸿门，其后假意设宴邀刘邦相聚，欲借机加害。刘邦当时仅带领张良，以及樊哙、夏侯婴、靳强、纪信四员心腹大将和侍从前往。席间，项羽用范增之计，命项庄舞剑，欲置刘邦于死地以绝后患。刘邦以如厕为由脱身独骑，从骊山西北芷阳抄小道逃回霸上，保全了性命。

公元前204年，刘邦被项羽围困于河南荥阳。楚军断其粮道，荥阳城内无粮草，外无援军，汉军再一次陷入生死存亡之际。在此危难之时，纪信主动向刘邦献计说："事已急矣，请为王诳楚王，王可以间出。"刘邦从其计。纪信乃假扮刘邦，乘王车出东门，并令士兵大呼："食尽矣，汉王请降！"楚军闻之，皆呼万岁，跑去城东围观，刘邦得以趁机从西门逃脱。时项羽在东门见是纪信，情知上当，问："汉王安在？"信曰："已出城矣！"项羽怒乃烹杀纪信。

纪信鸿门救驾，忠心耿耿，荥阳救主，舍身存汉，为汉王朝的建立立下不世之功。因其"功盖三杰（张良、萧何、陈平）"，被后世誉为"西汉一人"。西汉政权建立时，虽因纪信早亡，未有封赏，史亦无传。但自汉以后，历朝历代均对纪信有追封加冕，唐朝追封他为骠骑大将军，以少牢（古代仅次于太牢的一种祭祀礼仪）之礼祭祀他。宋代封纪信为忠佑安汉公，元朝封纪信为辅德显忠康济王，明朝封纪信为忠烈侯（也称荥阳侯）。

同时，纪信也为历代华夏子民所敬仰，文人墨客题咏甚多，并为他未有封赏而大鸣不平。西晋陆机《汉高祖功臣纪信颂》赞其"身与烟消，名与风兴"。唐代周昙《前汉门·周苛纪信》云："为主坚能不顾身，赴汤蹈火见忠臣。后来邦国论心义，谁是君王出热人。"唐代尚书右丞相卢藏用作《吊纪信文》盛赞纪信："彼见危而授命兮，亦各有时。考振古以为观兮，罔恢帝基。感将军之发愤兮，壮大义之在兹。"李德裕《三良论》说："自周汉迄于巨唐，杀身成仁，代有豪杰，莫不显一身之义烈，未有系一国之存亡。唯有纪信乘黄幄以诳楚，赴丹焰而存汉，数千年间一人而已。汉祚四百，由此而兴。"北宋王禹偁《读史》云："纪信生降为沛公，草荒孤垒想英风。汉家青史缘何事，却道萧何第一功？"文彦博《题纪太尉庙》云："死节古事虽有矣，大都死节少如公。惟图救主重围内，不惮焚身烈焰中。龙准有因方脱祸，猴冠无计复争雄。如何置酒咸阳会，只说萧何第一功？"宋代诗人祖无择《题纪信庙》云："汉祖临危日，将军独奋功。一身虽是诈，万古尽言忠。树老风声涩，天寒景色空。我来观庙貌，无语对村翁。"宋代郡守邵博题《纪信将军庙碑》云："古因有死，贵其成天下事也，若将军之死……汉高有天下，其功远矣。"南宋《方舆胜览》（卷六十三）"顺庆府人物"称："郡城太平门有忠佑庙，诰词云：'以忠徇国，代君任患，实开汉业，使后世知君为重，身为轻，虽糜捐不避者，侯有功焉！'"宋末元初时的赵孟頫《纪将军》云："酒酣斫剑气如云，屠狗吹箫尽策勋。汉室功臣谁第一？

黄金合铸纪将军。"明代兵部左侍郎张海《过纪将军祠》："秦人失鹿世争强，楚汉相崎几战场。高祖百年成汉业，将军一死解荥阳。功同樊哙窥雄楚，计鄙荆轲刺始皇。不独于今名不泯，昭昭功烈海天长。"明代刑部右侍郎李棠《题纪信将军庙》："汉业艰难百战秋，焚身原不为封侯。敢于诳楚乘黄幄，纵使捐躯重泰丘。隆准单骑从此脱，重瞳双眼笑谁酬。于今荒草空祠宇，一片忠诚万古流。"明代御史卢雍在岳池灵泉寺撰《忠义之邦赞》称："顺庆名忠义之邦，重纪信之节也。""巴子旧封，安汉故地，屹为巨邦，号称忠义。维昔纪信，委质高祖，荥阳围困，乃请诳楚。脱王之危，甘焚其身，义重君臣。"清同治四年，顺庆知府恭鑫作《忠义之邦岩记》，称："论者谓汉四百年之天下，由于张良、萧何、韩信三杰之协谋勠力，而成于纪信之死。当荥阳之困迫邦，使非纪信代之以死，汉高其不免，炎汉又何以建四百年之天下哉？"

还有，元代许衡作《得民心》、贾廷佐作《上高宗论遣使书》，明代曹学佺作《纪信传略》、黄淳耀作《纪信不侯辨》，清代毛奇龄作《纪信之死》，等等。当代，于右任《吊纪将军祠》云："广德山前野草春，将军殉国此焚身。刘兴项扑成陈迹，独有忠魂庙貌新。"这些文章都从不同角度歌颂了纪信舍身报国的精神，表达了无限崇敬之情。

此外，纪信还因其"风骨傲立，忠义千秋"而被多地立为城隍神。据成书于南宋的《宾退录》记载："镇江、庆元、太平、襄阳、兴元、复州、南阳诸郡，华亭、芜湖两邑，皆谓纪信。"如甘肃天水的纪信祠，全称汉忠烈纪将军祠，因祀奉汉将军纪信为城隍爷，故又名天水城隍庙，现为全国重点文物保护单位。以前每年2月中旬，当地还举行祭祀活动。兰州纪信庙始建于宋，明代重修，易名城隍庙。江苏镇江城隍庙供奉的也是纪信，南宋孝宗皇帝赵昚特赐庙额"忠佑城隍庙"。纪信殉难地荥阳邙山区古荥镇敕建有纪公庙、纪信将军陵（后称纪陵）。据中国青年网2024年1月23日报道，截至2017年，全国有10余处纪信的衣冠冢和遗物冢，20余座关于纪信的祠堂、庙宇，30余处供奉纪信的城隍庙。

汉高祖六年（前201），刘邦感于纪信之忠烈忠义，特在其故乡一带赐置安汉县，辖今西充、南充、蓬安、岳池、武胜等地，治所在今南充市清泉坝，开置县名以纪念名人之先河。同时，又在纪信出生地高阳里瓜子沟敕建纪将军祠，后人称其为"纪公庙"；在他故里县城化凤山南麓建将军庙，后称将军神宇。纪信老宅被当地人称为"栏杆子"，因老宅前石院坝边有一排雕石栏杆。

位于西充县关文镇的纪公庙

西充县关文镇纪公庙是一座依山而建的庙宇，由前、中、后3层殿堂组成。庙前石阶两侧，各有一棵径围约4米、高30余米的参天古柏，当地人称"汉柏"。登上石阶，门楣上悬挂一块鎏金大匾，上书"纪信将军庙"5个大字。庙门两边木刻描金对联曰："杀身成仁，决意尽忠扶汉业；舍生取义，一心效命出荥阳。"穿过前殿、中殿来到后殿，这是纪公庙的正殿，又称"将军殿"，正中神台上塑有大义凛然的纪信坐像，有联云："骑白马以扶刘，见危致命，汉室功臣居第一；驾黄车而诳楚，替王身死，果州义士勇无双！"

可惜的是，随着社会的变革，三重殿宇仅剩中殿，殿宇中的塑像和题记先后被毁，殿前古柏都未能幸免。2010年，西充县政府拨专款修缮纪公庙中殿。

县城化凤山上的将军神宇由6个部分组成，其柱皆为马桑，直径尺余。牌坊上有"汉将军纪信故里"7个金字。山门两侧文武立侍各一，右悬一钟高1.7米，口径1米，厚3厘米，相传由黄金铸成，钟声可达30余里。民国时期，被驻南充军阀罗泽洲盗走。重楼曰"扶龙楼"，大殿有两匾，一曰"西汉一人"，一曰"功盖三杰"。殿内4柱两联云："千载仰孤忠，常借青山存表宅；一时来猛烈，何妨黄衮暂加身。""假王亦可为钦？所谓忠臣第一；镇齐不如诳楚，此乃国士无双。"

雄踞西山山顶的开汉楼，为纪念纪信而建（余中华摄）

《方舆胜览》（卷六十三）"顺庆府人物"条记载："郡城太平门有忠佑庙。"宋代果州太守杨济在南充城西始建开汉楼，在建楼同时，杨济还在西山驿道石壁上书刻"忠义之邦"4个大字。2004年，南充市由西山风景区管理局斥巨资在西山重建开汉楼，树纪信汉白玉雕像，刻楼联曰："纪信鸿门救驾，大灭楚威，忠义英迹传万代；将军荥阳任患，实开汉业，报国英名著千秋。"在楼的塔基上对纪信的事迹做了介绍，中有"信代君任患，忠烈闻天下。汉世高其勋，置信桑梓为安汉县。历史赞颂，皆以忠义誉。宋诰词云'信以忠殉国，实开汉业'"等语。后又在西山高崖石壁上刻纪信将军画像。同年，高坪区建成安汉广场，2015年建成安汉新区，成为高坪城区的新地标。

在纪信家乡西充，2002年于县城化凤山南麓另建安汉楼，在城南建纪信广场，"巴蜀鬼才"魏明伦撰《纪信广场赋》称："拯炎汉于垂危，挽狂澜于既倒。苍天不生纪信，纪信不救刘邦，楚汉春

西充县纪信广场（蒲南平摄）

秋必然另写，鹿死谁手变数大矣！"同时，还修建有"纪信舍身诳楚"大型群雕，该群雕用4000余立方米青石、近30吨青铜和其他石料精雕细刻而成，长95米、高9米。群雕的首部为纪信驾汉王驷马而来的慷慨场面，汉王带24骑仓皇出逃的背景展示着纪信丹心昭日月，舍身救汉王的悲壮。

史籍对纪信的出生年月皆"不详"，根据民间传说和族人每年举行的祭祀活动推断，纪信约生于公元前252年农历十月十五。近年来，纪信诞辰的纪念活动又得以恢复，有来自海内外的纪氏宗亲积极参与。

2012年，西充县被命名为"中国（纪信）忠义文化之乡"并授牌。纪信不只成了西充的一张名片，也成了中国传统文化中忠义精神的一个符号，一面旗帜。2023年11月27日，由西充县关文镇人民政府主办、西充县关文镇纪公庙村委会承办的西充县关文镇纪信故里首届忠义文化月网络直播活动暨纪信诞辰2275年活动隆重揭幕。

世传纪信生有三子，他们都曾随父从军，南征北战，功勋卓著。长子随纪信诳楚，英勇就义。次子纪通继承其父开汉之功，再立安刘之功，封襄平侯，病逝后归葬纪信老宅不远处的西充青龙场龙宫山下，至今此地仍叫"纪通墓"或"纪大坟"。三子亦以功封襄成侯。

## 【参考文献】

1.《史记·项羽本纪》《史记·高祖本纪》《汉书·高帝纪》，司马迁，西汉。

2.《资治通鉴》，中华书局，1956年。

3. 清康熙《西充县志》，清光绪《西充县志》。

（吉怀康，西充县教师进修学校原高级讲师。）

# 辞宗赋圣：司马相如

杨小平

**司马相如**（前179—前117），字长卿，西汉巴郡安汉县（今四川省蓬安县）人，后落籍蜀郡成都（今四川省成都市），《史记》亦说他为蜀郡成都人，"汉赋四大家"之一。

## 追梦"梁园"

秦朝末年，司马相如的父母自中原迁徙入巴郡。汉文帝前元元年（前179），司马相如出生于西汉巴郡安汉县两河塘（今四川省蓬安县利溪镇两河塘）。

司马相如画像（四川省方志馆藏，梅凯作）

司马相如从小喜欢吟诗作文，舞剑练琴，他勤学苦练，熟读诗书礼乐等，能模仿山涧流水、林中鸟语，琢磨古琴，自编自弹，自得其乐，后来还创立蜀派古琴。

司马相如原名"犬子"，因佩服蔺相如不惧强秦，完璧归赵，更对孙武（字长卿）著的《孙子兵法》叹为观止，他决定学习两人，故而将自己的名字改为司马相如，字长卿。

汉文帝刘恒后七年（前157），为免服政府之役，司马相如"以赀为郎"，被授予"武骑常侍"之职，这非其所好，因而他有不遇知音之叹。他由于自幼勤习文武，精通六艺，尤对汉赋情有独钟，遂十分关注大汉王朝的发展，拟另寻出路。汉景帝刘启前元四年（前153），汉景帝的弟弟梁王刘武入朝，与梁王同去的随从邹阳、枚乘、庄忌等赋作家，因与司马相如志趣相投，司马相如便借口有病辞去武骑常侍一职，跟随梁王刘武到了梁国（西汉时的一个封国）都城梁园睢阳（今河南省商丘市），担任梁王的宾客（门客，亦称策士）。

在此期间，梁王慕名请司马相如作赋，司马相如以《如玉赋》相赠，此赋辞藻瑰丽，气韵非凡，梁王看后极为高兴，就以自己收藏的"绿绮"琴回赠。该琴是一张传世名琴，琴内有铭文曰"桐梓合精"。司马相如得此名琴，如获至宝，他以精湛的琴艺配上绿绮绝妙的音色，使该琴名噪一时。

此后，司马相如常与邹阳、枚乘、庄忌等赋作家一起畅谈理想、谈诗论文，如鱼得水，时常作赋并在赋中寄托自己的抱负，很快便撰写出了许多赋作和诗文，特别是他的《子虚赋》更是名震当时。由于司马相如熟知辞赋创作中的审美规律，并对辞赋创作的审美与表现过程进行了再探索，将其赋作中的语词与其表露出的美学思想进行了完美的结合，使其辞赋呈现了斑斓多姿的艺术风貌，从而呈现一种独特的艺术魅力，其"大赋"甚至在两汉赋作家中成为"汉大赋"创作的范式。

## 琴定文君

梁园虽好，不是久恋之家。汉景帝中元六年（前144），梁王刘武病卒，司马相如因不得志，称病辞职，离开梁地回到四川临邛（今四川省邛崃市）。此时的他家道中落，生活清贫。临邛县令王吉与司马相如交好，便对他说："长卿，你长期离乡在外，求官任职，不太顺心，可以来我这里看看。"于是，司马相如只好暂在临邛都亭住下。

此间，王吉经常主动拜访他，他因心境不宁，有时竟托病不见，王吉对其更显恭敬。当时，临邛一富人卓王孙有家奴800人，得知"（县）令有贵客"，有一天便设宴请客结交，司马相如又称病不往，王吉便亲往相伴，司马相如只得前去赴宴。他刚一进门，满座客人无不惊羡他的风采。

卓王孙有位爱女，名文后，又名文君，年方十七，新寡居在家。卓文君久仰司马相如文采，司马相如也早闻卓文君芳名并倾慕已久，但他却佯作不知。司马相如精通音律，自创很多优美曲调，当受邀抚琴时，便趁机用"绿绮"琴弹了一曲《凤求凰》，以传爱慕之情。《凤求凰》以"凤求凰"为通体比兴，不仅包含了热烈的求偶之意，而且也象征着男女主人公理想的非凡、志趣的高尚、知音的默契等丰富意蕴。全诗言浅意深，音节流亮，感情热烈奔放而又深挚缠绵，融楚辞骚体的旖旎绵邈和汉代民歌的清新明快于一炉。

卓文君被琴声深深感动，听出了司马相如的弦外之音，遂从屏风外窥视司马相如，见他举止雍容大方，仪表堂堂，不由得为他的气派、风度和才情所吸引，产生了敬慕之情。宴毕，司马相如也通过卓文君的侍婢向她转达心意，并解下随身玉佩，托其转给文君。两人心有灵犀，当天连夜乘马车私奔成都，以此缔结良缘。

卓文君出走后，卓王孙大怒，声称女儿违反礼教，不会给她一分钱财。司马相如的家境穷困不堪，在成都"家居徒四壁立"，日子久了，两人生计艰难，卓文君对司马相如说："其实你只要跟我到临邛去，向我的同族兄弟借些钱，我们就可以设法维持生活了。"司马相如便与她一起返回临邛。到临邛后，他们因找叔伯弟兄借钱未果，便决心自强自立，遂把车马卖掉做本钱，在当地经营起一家小酒馆。卓文君当垆卖酒，掌管店务；司马相如系着围裙，穿上"犊鼻裈"，跑堂打杂，夹杂在伙计们中间洗涤杯盘瓦器。由于两人辛勤劳作，酒馆生意十分兴隆。

卓王孙得知女儿为司马相如当垆卖酒后，深以为耻，觉得没脸见人，遂整天大门不出。其弟兄、长辈均好言相劝："你只有一子二女，又不缺少钱财，如今文君已经委身于司马相如，她终身总算有了依托，司马相如一时不愿到外地去求官，虽然家境清寒，但毕竟是个人才，而且他还是我们县令的贵客，你怎么可以叫他如此难堪呢？"卓王孙觉得此话有理，随后分给卓文君奴仆百人，铜钱百万，又把她出嫁时候的衣被财物一并送去。其后，卓文君和司马相如又才双双回到成都，购买田地住宅，过上了富足的生活。

司马相如与卓文君不拘封建礼教的束缚，追求自由、幸福之爱情婚姻的果敢行为，演绎了自由恋爱的爱情经典，被誉为"世界十大经典爱情之首"。后人则根据他二人的爱情故事，谱得琴曲《凤求凰》流传至今。唐代诗人张祜则有《司马相如琴歌》一首："凤兮凤兮非无凰，山重水阔不可量。梧桐结阴在朝阳，濯羽弱水鸣高翔。"

司马相如琴奏《凤求凰》

## 武帝赏识

汉景帝后元三年（前141），刘启辞世，汉武帝刘彻即位。汉武帝十分重视人才，元光元年（前134），他读《子虚赋》，感觉此文气势磅礴、辞藻华丽，非常喜欢，误以为是古人之作，感叹道："我要是能与此人生活在同一时代，那该多好啊！"武帝的感叹被皇宫的狗监（负责管理猎犬的官）——蜀人杨得意得知，他告诉武帝："陛下所欲见之人是我的同乡，他现在就住在蜀郡成都呀！"武帝闻言大喜，遂征召司马相如赴京。

蜀郡太守接诏后，便立即安排司马相如乘驿进京，并在成都北门外为之饯行。这天，卓文君与其父兄及司马相如的好友王吉等均前往送行，司马相如虽然早已料到可能会有这样一天，但在成都北门桥头登上驿车，与爱妻依依惜别之时，仍不禁思绪万千，他击掌发誓："此去若不能高车驷马，绝不再过此桥！"卓文君深知夫君心情，切切叮嘱他要"谨奉君上，勿忘糟糠"，司马相如当即指桥为誓：一定衣锦归来，永不相弃！

司马相如到西安拜见武帝，武帝见他生得一表人才，知他曾做过先帝的武骑常侍，心里已有几分欢喜。司马相如上前奏道："圣上所读《子虚赋》乃写的大汉诸侯的事情，我愿为陛下重新写一篇专门描述大汉天子的赋！"武帝听了十分高兴，遂命人赐予司马相如绢帛、竹简等用于写赋。司马相如不负众望，很快便写成了传为千古名篇的《天子游猎赋》（《上林赋》）奉上武帝，深获武帝嘉赏。

《上林赋》在内容上与《子虚赋》相接，文采飞扬。此赋以子虚、乌有先生、亡是公为假托人物设为问答，放手铺写，以维护国家统一、反对帝王奢侈为主旨，歌颂了统一大帝国无可比拟的形象，同时又对统治者有所讽谏，开创了汉代大赋的一个基本主题。在赋中，他极尽铺陈华丽，"包括宇宙，总览人物""控引天地，错综古今"，其场面极为震撼，内容丰富，气势磅礴，文辞华丽，寓意着汉武鼎盛时代的风貌，是汉代散体大赋的杰作，成了后来辞赋家模仿的样板。

建元六年（前135），武帝阅《上林赋》后欣喜异常，遂封司马相如为朝廷"郎官"，随侍左右，资议朝政。司马相如从此辅佐武帝，立下了文治武功，最终成为中国一代辞宗赋圣。

相传，汉武帝元光五年（前130），陈皇后被打入长门宫后，日夜愁闷悲苦，听说司马相如是天下写文章的妙手，就向他奉上百斤黄金，请他写下《长门赋》来打动武帝，又得宠幸。

### 使西南夷

武帝对边疆统一和安宁十分重视，武帝元光四年至五年（前131—前130），曾派遣大臣唐蒙开通西南夜郎、僰中，但其执法严苛，尤其是征发巴、蜀二郡的官吏士卒一万多人从陆路、水路转运粮食，援用"军兴法"（即实行军法制），杀了一些违抗命令的首领，弄得巴、蜀地方的老百姓十分惊恐，人心不稳，引发巴蜀地方社会骚乱。为此，汉武帝派遣司马相如作为特使，前往巴蜀，抚谕息乱。

当司马相如持节张盖高车驷马再回成都时，太守率老百姓到郊外迎接。他先与唐蒙商议，及时采取一系列措施稳定军心民心，接着又颁布《喻巴蜀檄》，告知巴蜀各地民众，以前唐蒙的做法不是皇帝旨意，希望巴蜀官民应"急国家之难""尽人臣之道"，支持打通西南夷道这件大事，从而解除了巴蜀民众的不安。司马相如恩威并施，安抚百姓，完成使命，受到武帝的充分肯定。

此后，唐蒙又趁此打通西南夷道。他征调巴、蜀、广汉三郡士卒，使参加筑路的人增至数万人。但是此路竟两年未修成，汉武帝向司马相如询问此事，司马相如认为只要"借助通商，招徕西夷，因势利导"，打通夷道应是不难之事。武帝元光六年（前129），任命司马相如为中郎将，持节出使西南夷，前往处置通西南夷诸事。司马相如在蜀郡，对蜀地酋长、族人晓之以理，动之以利，并以《难蜀父老》一文说服众人，使少数民族与汉廷合作，成功通好"西夷"。

司马相如平定西夷后，邛、笮、冉駹、斯榆等地君长成为汉王朝臣子。旧有之关隘被拆除，边关扩大，交通更加方便。同时，西南夷地内附成为郡县，从而打通了"南方丝绸之路"，使冉、駹、邛、笮、徙、斯榆等族群进一步融入中华文化，增进了民族凝聚力。司马相如出使西南夷，将西南各少数民族团结统一于大汉疆域，被称为"安边功臣"。

司马相如塑像（梁洪源摄）

## 病逝茂陵

武帝元朔二年（前127），司马相如被人告发收受贿赂，遂遭免官闲居，其间作《荆轲赋》，次年被重新任命为郎官。

武帝元狩二年（前121），司马相如任孝文园令，曾作《郊祀歌》《长门赋》《大人赋》《梓潼山赋》等文。

武帝元狩四年（前119），司马相如以"常有消渴疾"而"称病闲居，不慕官爵"，著有《谏猎疏》《哀二世赋》等文。

武帝元狩五年（前118），司马相如因病免官，家住茂陵时，有茂陵女对他极为仰慕，司马相如将此事告知卓文君，卓文君作《白头吟》诗表露心迹，司马相如对卓文君表明态度："君子一言，驷马难追，我既然与你患难相识，决不相负！"此后他与卓文君厮守终生，白头到老。

武帝元狩六年（前117），司马相如病逝。逝世前，他曾作《封禅书》，嘱咐卓文君转呈皇上。武帝得知司马相如病重后，便派所忠前往茂陵，一是代他看望，二是将其著书全部取回，以免散失。而当所忠到达茂陵时，司马相如已经死去，家中也没见到其所著之书，卓文君对所忠说道："长卿原本不曾有书，他虽有时写书，但均被别人随时取走，故而未存家中，家中只有他离世之前所写书一卷，并吩咐我转呈皇上。"随后便将《封禅书》交给所忠带回转呈武帝。8年后，汉武帝采纳《封禅书》建议，登泰山、禅梁父、礼中岳，为大一统中国奠定了礼仪性信仰基础，后为历代帝王仿效，成为历朝定制。

唐初相如县令陈子良《祭司马相如文》，遣主簿谯悦赍桂醑兰殽之奠，敬祭故文园令司马公之灵。

司马相如一生写赋共29篇，现存《子虚赋》《天子游猎赋》《大人赋》《长门赋》《美人赋》《哀秦二世赋》6篇，另存《谕巴蜀檄》《难蜀父老》《谏猎疏》《封禅文》等散文若干篇，被誉为"汉文章之祖"，被班固、刘勰称为"辞宗"，被林文轩、王应麟、王世贞等学者称为"赋圣"。鲁迅在《汉文学史纲要》中写道："武帝时文人，赋莫若司马相如，文莫若司马迁。"2020年6月，司马相如入选第二批四川历史名人。

### 相如故城

今蓬安县有相如故城、长卿祠、琴台、两河塘、司家坝、相如文化公园、相如故墅碑、相如坪、长卿里、慕蔺山、洗墨池等，南充市高坪区还有琴台寺村。

相如故城

**【参考文献】**

1. 班固等：《汉书》，北京：中华书局，1965年。

2. 李大明：《司马相如生于蓬安》，《光明日报》，2004年12月31日。

3. 金国永：《司马相如集校注》，上海：上海古籍出版社，1993年。

4. 司马迁：《史记》，北京：中华书局，1959年。

5. 万光治：《汉赋通论》（增订本），北京：中国社会科学出版社，2006年。

6. 熊伟业：《司马相如研究》，成都：电子科技大学出版社，2012年。

7. 赵正铭、邓郁章主编：《司马相如故里在蓬安》，成都：四川人民出版社，2001年。

8. 踪训国：《司马相如资料汇编》，北京：中华书局，2008年。

（杨小平，西华师范大学教授）

# 西汉天文学家：落下闳

杨小平

**落下闳**，生卒年不详，字长公，出生在西汉巴郡阆中县（今四川省阆中市）。中国古代杰出的历算学家、天文学家，2018年入选四川省首批历史文化名人。落下闳创立浑天说，制造观测星象的浑仪和用于演示天象的浑象，测定二十八宿赤道距度（赤经差），首次提出交食周期，以135个月为"朔望之会"，编制《太初历》，确定了以孟春正月为岁首的历法制度，将二十四节气编入历法（或是张衡）。

## 运算"转历"

"转历"，即日月星辰的运行过程。汉景帝末年，文翁〔（前187—前110），名党，字仲翁〕任蜀郡（治今四川省成都市）太守，他为政仁爱，振兴教育，察举贤能，选贤能者入学，入学者免除徭役，成绩优良者补缺郡县官吏，文翁治蜀影响甚大。汉武帝初年，朝廷即命令全国郡县设立学宫，大兴教育，落下闳正好生活在这个时期，他自幼聪明好学，喜欢观察天象，爱好天文，并学习认真，虚心求教，刻苦钻研，在天文、历法、算学等方面均奠定了坚实的基础。

汉初，沿用秦朝的《颛顼历》（又名《轩辕历》《古四分历》），由于该历法误差很大，甚至出现"朔晦月见，弦望满亏"的状况，给当时的农业生产和人民生活带来了困难和不便。

面对秦历混乱、影响农事等问题，汉朝大中大夫公孙卿、壶遂、太史令司马迁等上书建议修改历法。汉武帝元封七年（前104）十一月，汉武帝刘彻命公孙卿、壶遂、司马迁等人议造汉历，他们随即制作仪器进行实测与推考计算，采用了周正"建子"历法，即以十一月为岁首，但因其误差仍大，"不能为算"而宣告失败。随后，汉武帝征募民间天文学家20余人加入研制历法的团队。由同乡阆中人谯隆（上林令，后为侍中）和司马迁推荐，落下闳应诏以待诏太史身份进入长安，与邓平、唐都共同研制《太初历》。

阆中锦屏山风景区观星楼前的落下闳雕塑

　　落下闳在天文制历上很有造诣，特别是计算上独树一帜，故承担数字运算，以在实测的基础上考订出历代重大的天文数据。他采用"通其率术"，"通其率"三字即求连分数，"率"者，比率，"通"，谓可通用者，其数甚多，取其适者或密近者，现代学者称之为"落下闳算法"，其奠定了古代历法计算的基础。

　　"通其率术"的主要程序，即通过辗转相除，求出一系列"渐近分数"，以实现用有理数最佳逼近实数，使其结论的准确度越来越高，近代数学简称其为"连分数"算法，此后的"强弱术"、南北朝时期何承天的"调日法"和南宋数学家的"求一术"等，均源于"落下闳算法"，以实现有理数最佳逼近实数。"落下闳算法"比采用类似方法的印度数学家阿里亚哈塔早600年，比1579年提出连分数理论的意大利数学家朋柏里早1600年，影响了中国天文数学2000多年。

　　落下闳通过天文数据测定，在天文学史上首次准确推算出135月的日食、月食周期，即朔望之会，认为135个朔望月中，至少有23次日食。根据这个周期，人类可以对日、月食进行预报，校正阴历朔望。同时，测出一月的长度是2943/81日，测出五大行星会合周期，与现代所测的数值相比，误差最大的火星为0.59日，误差最小的水星仅为0.01日。落下闳测定二十八宿赤道距度（赤经差），直到唐开元十三年（725），僧一行才重新测量。落下闳也准确预见地指出"后八百年，此历差一日，当有圣人定之"，由此可见其科学态度。

## 创"浑天说"

　　落下闳首创"浑天说"，创新中国古代宇宙起源学说，研制浑象（表示天象运转的仪器）。浑天说是中国古代三大宇宙理论之一，始于战国时期。屈原《天问》提及浑天概念，扬雄《法言·重黎篇》："或问浑天。曰：落下闳营之，鲜于妄人度之，耿中丞象之。"英国科学技术史专家李约瑟《中国的科学与文明》指出"浑天说最早的代表人物是西汉的落下闳"。

落下闳将宇宙理论与天文观测融为一体，用事实论证了浑天说的理论和天体运行之规律。中国古代的宇宙学说有三家，即"盖天说""宣夜说""浑天说"。最早的"盖天说"认为，天如伞盖，地如棋盘，日、月、星辰是随着天盖的旋转而旋转，故又名"天圆地方说"。其后的"宣夜说"认为，宇宙没有形质，高远没有止境，是无限的；"浑天说"则认为天是蛋壳，地是蛋黄，整个天地浑圆如弹丸，恒星都布于天球上，日月五星则依附天球运行，天和天上的日、月、星辰，每天都不停地绕着南、北两极旋转，确认南极入地和北极出地都是36度，承认宇宙的变动且变化的规律性。

我国最早的天文测量仪器是西周时期的"土圭"，又称"圭表"。落下闳根据浑天说的理论，参考以前的成果创制了浑天仪。"浑"是圆球的意思，"浑仪"和"浑象"是反映浑天说的仪器，是演示浑天说这一宇宙理论的两种物理模型。"浑仪"由许多同心圆环组成，四游环内有窥管，亦称"望管"，可以旋转，用以测定昏、旦和夜半中星以及天体的赤道坐标，也能测定天体的黄道经度和地平坐标。而"浑象"则是一个演示性仪器，在一大球上刻画或镶有星宿、赤道、黄道、恒隐圈、恒显圈等，类似天球仪。"浑仪"和"浑象"常统称为浑天仪，又称赤道式浑天仪，周长约有2丈5尺，直径约8尺，包括一根窥天管（又名衡）和带窥天管旋转的四游环，反映多种坐标系统的环组（后称六合仪）。落下闳运用浑天仪测定二十八宿在赤道上彼此相隔的度数，由落下闳测定的二十八宿的28个基本点一直传至现在。

浑天仪是世界上最早、最完整、最精密的天体观测仪，采用球面坐标赤道坐标系，来量度天体的位置，计量天体的运动，描述恒星的昏旦中天，日月五星的顺逆去留。东汉张衡（78—139）丰富和发展了"浑天说"，改进了落下闳研制的浑天仪。后又经唐代李淳风、南宋沈括、元代郭守敬的改进，成为简仪，即今紫金山天文台上的浑仪。

## 编《太初历》

从公元前110年到公元前104年，落下闳与唐都、邓平与其他17家同时完成各自编制的新历。汉武帝元封七年（前104）五月，汉武帝派宦者淳于陵渠召集专家对18家制订的改历方案进行比较和实测检验，最后选定邓平、落下闳、唐都提出的"八十一分律历"，因为该历"晦朔弦望，皆最密。日月如合璧，五星如连珠"，于是汉武帝下诏颁行，并把元封七年改为太初元年，到泰山行封禅大典，该历亦称为"太初历"。太初改历宣告成功，邓平也因功升迁为太史丞。

《太初历》首次将二十四节气纳入历法体系，明确二十四节气的天文位置，与春种、秋收、夏忙、冬闲的农业节奏合拍，规定以无中气（二十四节气中位于奇数者，"中气即每月月中以后的节

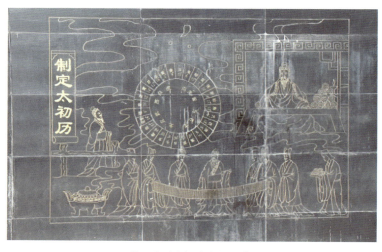

落下闳制定《太初历》

气，每年12个"，即冬至、大寒、雨水、春分、谷雨、小满、夏至、大暑、处暑、秋分、霜降、小雪）之月为闰月，比以前的年终置闰法更为合理。《太初历》使用的交食周期、五星会合周期都比较准确，其二十八宿赤道距度（赤径差）值，一直沿用了300多年。他准确计算一个节气的时间，应为1年除以24，即365日除以24，等于15日。《太初历》规定，一个回归年由二十四节气组成，奇数项的气称节气（又称节令），偶数项的气则称中气，十九年七闰，闰年有13个月，以没有中气的月份定为闰月，这样就使天文历法与四季安排、农业气象更好地结合起来，这种无中气置闰法直到1700年后的清代，才因测得二十四节气间隔不均匀而作了改进，冬、腊、正三月不置闰，其余9个月仍用无中气置闰法，到今天的农历仍未改变。

将二十四节气纳入历法系统，不但解决了长期以来历法与民间生产和生活习惯的矛盾，而且还建立了朔望月与二十四节气协调的对应关系。二十四节气系统是一个非常了不起的创造，古人根据太阳在黄道（即地球绕太阳公转轨道）上位置划分，把天文、历法、农业、气象有机地结合为一个整体，让每一个节气的时间点与春种、夏管、秋收、冬藏的农业生产规律相匹配，《太初历》颁行之后，农村渐渐就流传出一首流传到今天的适应生产、生活习俗的《二十四节气歌》。二十四节气这一时间认知体系，也被国际气象界称誉为中国第五大发明，于2016年11月28日被联合国教科文组织保护非物质文化遗产政府间委员会第十一届常会评定列入非物质文化遗产代表作名录。

《太初历》确定了"以孟春正月为岁首"的历法制度，使国家历史、政治上的年度与人民生产、生活的年度协调统一起来。"孟春"是春季的第一个月，规定"以孟春正月为岁首"，即规定春季的第一个月就是新年的第一个月，以正月初一为一年的第一天，就是"元旦"，按照中国人的风俗，从大年初一到十五，都在过年，通过闰月的规定，二十四节气的第一个节气立春总会安排在大年初一到十五之间。

自古以来，中国就以农历纪年，每年第一个月叫元月（或正月）。不同朝代，元月日期不相同，夏朝以孟春元月为正月，以正月初一为元日；商代以腊月为正月，十二月初一为元日；周代以冬月为正月，以十一月初一为元日；秦始皇统一六国后又以孟冬为正月，以十月初一为元日；秦始皇以五德终始说，认为秦是水德，冬季是水旺，故以冬季的首月（十月）为岁首；汉朝初期沿用秦历。这就是说，元月与春节并不完全一致，元月是元月，春节是春节，迎接新年与迎接春天，两者不是合在一起的。

《太初历》以冬至所在之月为十一月，以正月为岁首，平年12个月，闰年13个月，月大30日，月小29日。《太初历》确立了以孟春正月为岁首的历日制度，以正月初一为一年之始，十二月底为岁末，与周而复始的四季顺序紧密吻合并相沿至今，把历法同四季的顺序、群众的习惯统一起来，一直沿用至今。《太初历》作为历法的样板，2000多年来一直影响着中国社会的政治、经济、文化、生产、生活和科学技术的发展，同时也影响着世界。

《太初历》定孟春正月朔日为寅月岁首，即立春日，前一日为除夕，除夕的次日为年（春节）。《太初历》确定了一年四始，确立以孟春正月为每年的第一个月，正月初一为元旦，今天称为春节。至此，二十四节气中的立春常会出现在春节前后。从此，中国人迎来了新年与春天真正吻合，中国春节的时段便固定下来，一直沿承至今。由于落下闳等人是在历法上确定春节的天文学家，家乡老百姓亲切地称他为"春节老人""年爷爷""春节先圣""春节先祖"，阆中也因此被评为"中国春节文化之乡"。

《太初历》是中国历史上的一次历法大改革，也是全世界出现的第一部比较完整的历书。《太初历》中各种天文观测的数字，以及各种推算的数字，至今仍完整保存在《汉书·律历志》之中，

《世界科学史和中国科学史都以落下闳等人为制订《太初历》（又称为《三统历》）的代表人物。《太初历》是西汉武帝中期一次重大历法改革的成果，主要由邓平、落下闳、唐都等人制定，前后行用188年，其基本历法数据和历法术文经过西汉末年的刘歆改造而保存在《三统历》之中，是故《太初历》是中国现存第一部有文献记载的完整历法。太初改历之后的27年即昭帝元凤三年（前78），主历使者鲜于妄人等派人校验的结果还是以《太初历》最为第一。东汉章帝于元和二年（85）下诏改行编诉、李梵校订增修的四分术，取代太初历法，是为东汉"四分历"。

## 辞官归隐

《太初历》颁行之后，汉武帝封落下闳为侍中，以彰显他创制新历法的功绩，但落下闳淡泊功名利禄，坚辞不就，毅然归隐。他回到家乡阆中后，继续研究天文，将他的渊博知识传给后代。落下闳献身科学事业，潜心研究天文，求真务实，不断探索科学，对后世影响深远。在他的巨大影响下，西汉末，阆中出现了著名天文学家任文孙、任文公父子，三国时期的周舒、周群、周巨祖孙三代天文学家，唐代天文学家、风水大师袁天罡、李淳风，定居阆中研究天文、数学，汉唐时期的阆中成为民间天文研究中心，人才荟萃，群星灿烂。

西汉天文学家落下闳以一部《太初历》彪炳千古，被后世敬仰。英国近代生物化学家、科学技术史专家李约瑟博士将落下闳所处时代的东、西方天文研究成果梳理成十大成就，其中落下闳就占三项，他在《中国科学技术史》一书中盛赞落下闳是世界天文学领域"最灿烂的星座"。

2004年9月16日，经国际天文学联合会小天体提名委员会批准，中国科学院国家天文台为纪念这位伟大的天文学家，将一颗国际永久编号为16757的小行星命名为"落下闳星"。

在家乡阆中市，锦屏山建有观星楼，占地面积约400平方米，楼前铸有落下闳铜像及浑仪。春节文化公园建有落下闳纪念馆，展陈落下闳相关成就与事迹。阆中市桥楼乡留下了许多与落下闳相关的民间故事和地名，比如"五阳捧圣"的故事，落下闳去世山崩半边的崩山坪，落阳村高阳山的观星台，还有落垭庙、闳庙子、长公殿、闳公梁、长公坝、七星台等历史地名。

## 【参考文献】

1. 班固等：《汉书》，北京：中华书局，1965年。

2. 司马迁：《史记》，北京：中华书局，1959年。

3. 吕子方：《中国科学技术史论文集》，成都：四川人民出版社，1983年。

4. 王川、谢徽：《四川历史名人图画故事书——杰出的天文学家：落下闳》，成都：四川少年儿童出版社，2019年。

5. 查有梁主编，曹鹏程副主编：《落下闳研究文选》，成都：四川人民出版社，2019年。

6. 中华档案文献研究院、杨小平主编：《落下闳研究（第一辑）》，成都：巴蜀书社，2023年。

魏晋南北朝时期

# 巴西太守：张飞

罗运淳

张飞（？—221），字益德，幽州涿郡（今河北省保定市涿州市）人，汉末三国蜀汉名将。一生辅佐刘备建立蜀汉政权，官至车骑将军，领司隶校尉，晋西乡侯，谥号"桓侯"。

巴西太守张飞（罗运淳绘）

历史记载的张飞，英武睿智，勤政爱民，有政治远见和军事谋略。刘备视为"侔踪召虎"，陈寿评有"国士之风"，裴松之称是"虎臣良牧"。张飞一生，有很多令人敬仰和怀念的事迹。

中平元年（184），黄巾起义爆发，刘备在涿州组织了一支义军，张飞、关羽参与其中，三人情同兄弟。

建安十三年（208），曹操挥师南下，进兵荆州，刘备随百姓一起南逃。曹操率5000精骑一路追击，一天一夜，行300多里，一直追到当阳境内的长坂，并大获人马和辎重。这时，刘备的军队已被曹军击散，只与诸葛亮、张飞、赵云等数十骑一起，后在战乱中赵云又失散，刘备只得命张飞带领20个骑兵断后。

张飞退到当阳桥，令士兵在桥后树林中，用马拖着树枝来回奔跑，造成有大军埋伏的假象，自己一人立马桥头，曹操大军到时，张飞怒目横矛，大声喝道："我是张益德，可来决一死战！"曹军将士畏惧张飞的勇猛，又见桥后树林中尘土飞扬，似有伏兵，于是无人敢进。曹军不能乘胜追击，刘备赢得了安全撤走的时间，随后赵云也救出了甘夫人和刘禅。

张飞雕塑（梁洪源摄）

建安十九年（214），刘备与益州牧刘璋决裂，军师庞统在争战中乱箭身亡，张飞带领荆州兵马入川增援。大军到达江州，巴郡太守严颜据守不降。张飞强力攻破城池，生擒严颜，并对严颜道："大军到来，你为何不降，还敢与我大战！"严颜回答："你们没有理由侵夺我们的疆土，这里只有断头将军，没有投降将军！"张飞大怒，令武士推出斩首，严颜大声道："斩首就斩首，你还发什么怒！"张飞见严颜毫无惧色，被他非凡的骨气和理直气壮的反问感动，心中产生了敬意，于是上前亲松其绑，并引为上宾。

严颜拒降的豪气，感动了张飞；张飞的宽宏大度，又义释了严颜。随后，张飞与严颜合兵从江州出发，所过州县一路尽克，顺利到达成都与刘备会合。

同年五月，刘备平定益州，命张飞为巴西太守。当时巴西郡郡治阆中，是蜀国的东北大门。

建安二十年（215）三月，曹操从秦岭北麓古称"川陕咽喉"的散关到汉中，命张郃率5000步兵前面开路，大军随后进军阳平。同年十月，曹操因后方叛乱回师，留夏侯渊镇守汉中，命张郃进犯巴西。张郃欲迁徙巴西居民，多次进犯巴西边界，继又进兵宕渠、蒙头等县，强掳百姓到汉中。张飞率军迎击，与张郃战于瓦口，两军相拒50余日，对峙不下，张飞遂率精兵万余人，从偏僻的山道主动进攻，张郃的兵马因山道狭窄，前军后军不得救应，被张飞打败。张郃为了逃命，放弃战马攀山而逃，率部下10余人败回了汉中。张飞大获全胜，立马崖前，用长矛勒下了"大破张郃于此"的铭文。

《三国志旁证》记，"巴西不安，则汉中不可得；汉中不得，则蜀中不固。巴土安，桓侯破郃之功也。刘备入蜀，得鼎峙数十年皆于此战，破魏人之胆，其功为第一"，可见巴西地理位置之重要和张飞大破张郃的重大战略意义。

阆中城在嘉陵江北，与锦屏山对峙，为刘璋所筑。据明嘉靖《保宁府志》记载，张飞为了抵御曹军侵略，修复了城墙和护城河，同时也十分注重城防守卫，建立了巡城制度，以身作则，还经常亲自巡城，起到了保境安民的作用。张飞在阆中执行"为政以安民为本"的政策，他摒弃横征暴敛，秉公正直。主张"全民煮铸"，发展盐铁生产，鼓励农民开荒种地，又分兵屯田，使农业生产得到很快的恢复和发展。

当时，阆中到成都交通十分艰难，特别是从阆中经剑阁到梓潼的300里山路，崎岖小道，荆棘丛生。张飞带领军民修路植树，经过艰苦努力，形成了300里路约10万棵柏树的"蜀道翠云走廊"，刘备对此十分高兴，旨令将那些路边苍翠挺拔的柏树称为"皇柏"，300里大道称为"翠云廊皇柏大道"。

张飞在任巴西太守期间，不仅守卫着蜀国的东北大门，还肩负巴西百姓的民生重任。当时巴西战乱不断，灾害频繁，百姓生活在水深火热之中，张飞便把平定益州后刘备赐给的金银锦缎，用于修筑阆中汉城，治水兴水，奖励农桑，阆中百姓把城西临府衙的一条街道名为"良牧街"作为纪念，一直沿袭至今。

阆中张飞庙（网络图片）

章武元年（221），刘备称帝。同年六月，刘备为关羽复仇，出兵讨伐东吴，遂令张飞从阆中出兵江州会合。在刘备心目中，蜀汉众多文臣武将中张飞最为特殊，这从《三国志》中刘备对张飞的诏书内容即可看出。他在对张飞的诏书中，引用了《诗经·大雅·江汉》里"宣王命召虎出征平定淮夷"的典故，其意为：我（刘备）按照天朝的顺序继承大业，但还未光大即有寇贼作乱、百姓遭到毒害之事，故而思念汉室人士，甚至"延颈鹤望，因此而惊愕，坐不安席，食不甘味"，誓要整顿军队，讨伐贼寇，急需你（张飞）的忠诚和刚毅，你远近闻名堪比"召虎"（西周名臣召穆公姬虎），所以特颁命令，提高你的品级，晋封你之爵位，且兼管京都，助我之权威。"用德行安抚百姓，用武功讨伐叛逆"，盼尽心尽力以建立大功。刘备笔曲意深，可见对张飞是怎样的期望和评价。但在当月，张飞却被部将杀害。

景耀三年（260）九月，蜀汉后主刘禅追谥张飞为"桓侯"。"谥号"是古代帝王和大臣死后，按其生前的事迹，用概括评价一生的文字，给予带有褒贬意义的称号，根据《逸周书·谥法解》的训释，"桓"的字意是"辟土服远，克敬勤民"，这是对张飞一生开疆辟土，勤政爱民功绩的充分肯定。

章武元年（221）张飞死后即建张飞庙，后主刘禅追谥张飞为"桓侯"，后又称汉桓侯祠，位于现在的四川省阆中市古城西街，它虽历遭兵火，仍屡毁屡建。明成化年间（1465—1487），阆中百姓增建敌万楼。清道光二十年（1840），维修汉桓侯祠大殿、墓亭和聊园。现存的汉桓侯祠，是由明清时期的四合庭院式古建筑群和张飞墓组成，占地面积5000余平方米，总建筑面积2200平方米，主要建筑有山门、敌万楼及左右牌坊、大殿、后殿、东西厢房、墓亭和园林。1996年被国务院公布为第四批全国重点文物保护单位。2007年，汉桓侯祠统一广场风貌，聊园和东西厢房作为展示张飞生平及三国文化陈列室；2008年，汉桓侯祠重新开放。

张飞墓在汉桓侯祠内，墓冢坐北向南，全用黄沙土垒成，隆然高起，宛若一座椭圆形的山丘，东西宽25米，南北长42米，封土堆高8米，墓周全用长方形石条垒成花墙，墓地花草繁盛，竹木成荫，是阆中保护最完整的全国重点文物。

对于"汉桓侯祠"，历代对其均有维修，并存有不少记载：

唐《新建巴西郡张桓侯祠记》："自侯之死，迄今五百余年，土宇几更，墓田如故。仰侯之忠者，望风而兴思；知侯之功者，勒铭以记事。"其时，距张飞之死已500多年了，乡土屋舍虽已几经变更，但墓冢依然如故，人们对他的忠诚与怀念，却早已铭刻在了历史的碑石上。

明李直《桓侯灵异记》以歌曰："嘉陵之水，浩乎茫茫，嘉陵之山，郁乎苍苍。缅维我侯，灵异孔彰。殆将以兹山兹水，同其悠久而长。"唱出了嘉陵江山水的郁苍与浩茫，以及阆中百姓对张飞长久缅怀的心声，清道光《保宁府志》载："汉桓侯赫声濯灵，尤为蜀人所仰。迄于今，松柏风霜，过墓者，觉凛凛有生气焉。"直到现在，尽管张飞墓前的松柏历经了岁月的风霜，但张飞仍凛凛有生气地活在蜀中百姓的心里。

此外，在其他两地也修有张飞庙，在此亦作简介：

云阳张飞庙（网络图片）

一是云阳张飞庙，又名张桓侯庙，旧址在重庆市云阳县长江南岸的飞凤山麓。始建于蜀汉末年，历经唐、宋、元、明、清各代增修扩建，至今已逾1700年。传说张飞的头颅葬在这里，是现存祭祀张飞的重要古迹之一。张飞庙面临长江，背倚青山，依山就势，层叠而上，与周边自然风光浑然一体，形成一幅气势磅礴的山水画卷。庙内文物丰富，珍藏有大量古代碑刻、诗词题咏和精美木雕等艺术品，以及众多稀世字画碑帖，其中尤以文章、书法、镌刻"三绝"最为人称道，被誉为"巴蜀胜境张桓祠"。因三峡水利枢纽工程建设，原址已被江水淹没。新的张飞庙于2002年从原址飞凤山山麓，整体搬迁至新云阳县城的长江南岸，2003年完工，2005

年1月被评为国家级风景名胜区。

二是涿州张飞庙，又名张桓侯庙，位于河北省涿州市忠义店村（原名张飞店），始建年代不详，现存有明清的重修碑刻。原建筑毁于20世纪70年代，1993年在原址恢复扩建。庙宇为清式建筑，占地面积7136平

涿州张飞庙（网络图片）

方米，为三进院，由南向北依次为山门、马殿、正殿、享堂和张飞墓，正殿大门上有乾隆题"万古流芳"的金匾。当年张飞从阆中出兵到江州，被部将杀害，头颅流入长江，葬于云阳凤凰山。自此有了张飞"身葬阆中，头葬云阳"之说。涿州的张飞墓，为丘圆形，取阆中和云阳的墓土，意在象征张飞魂归故里。

《三国志》是西晋陈寿的著作，素有"信史"的称誉。《三国志辨疑·序》写道："以重承祚者，在乎叙事之可信。盖史臣载笔，事久则议论易公，世近见闻必确。三国介汉晋之间，首尾相涉，垂及百年，两史有违失者，往往赖此书正之……"可见历代史家之所重。

《三国志》中记载的张飞是一个英武睿智、勤政爱民的儒将，而在《三国演义》中描述的张飞，则是"豹头环眼、燕颔虎须，声如巨雷，行如奔马"勇猛粗暴的莽夫。特别是近年来，卡通动漫的形象更是荒诞怪异，就是阆中城里的广告招牌，以及桓侯祠前、张飞牛肉店边也有这种形象，这种形象显然与史实不符，很难与张飞的生平事迹和历史遗存吻合，很难与古城的格调和阆中百姓对张飞的敬仰协调，让人感到遗憾。

**【参考文献】**

1. 西晋陈寿著《三国志》。

2. 南朝宋裴松之注《三国志》。

3. 清梁章钜撰《三国志旁证》。

4. 清钱大昭撰《三国志辨疑》。

5. 西汉刘向编《谥法解》。

6. 明嘉靖《保宁府志》。

7. 清道光《保宁府志》。

8. 唐崔善《新建巴西郡守张侯祠记》。

9. 明李直《桓侯灵异记》。

（罗永淳，南充市经信局原高级工艺美术师）

# 一代硕儒：谯周

李纯蛟

谯周（198—270），字允南，出生于东汉献帝建安三年（198），祖籍晋巴西郡西充国县（县治今四川省南部县境内）。他"身高八尺"（按汉尺超过1.9米），体形魁梧，衣着简朴，外表看似"邋遢"和"木讷"，但他却是一个十分注重心性和学行兼修的人。陈寿称赞他"生性待人处事诚实坦荡，从不矫情自饰。平素缺少能言善辩之才，却对于世事极具洞察力，反应非常准确和敏捷"。

谯周画像

## 家道贫寒　读书不辍

小时候谯周的家境贫寒，幼年父亲去世，他与母亲、哥哥三人相依为命，艰难生活。

谯周年少时就离家前往成都游学，拜师蜀中名儒、被誉为名齐孔子的秦宓门下。秦宓经史淹贯，词义雅美，熟谙蜀中历史掌故。他在受业期间，酷爱典籍，如痴如醉，常常独对青灯苦读勤思，以至往往废寝忘食，大凡有了心得卓识，就欣然自乐会心朗笑。他精研"六经"，尤其擅长《书》《礼》。"师高弟子强"，东晋史学家常璩曾说："秦宓甚有通理，弟子谯周俱传其业。"

谯周不仅对经学和史学情有独钟，还十分熟悉天文星象之学。他学殖深厚，在巴蜀具有广泛的影响力，被时人尊为"通儒""硕儒"。

谯周经学、史学及地方史著述一览

| 序号 | 著作名称 | 篇卷 | 出处 |
|------|----------|------|------|
| 01 | 《五经然否论》 | 5 | 《三国志·秦宓传》 |
| 02 | 《论语注》 | 10 | 《隋书经籍志》 |
| 03 | 《礼祭集志》 | 不详 | 《通典卷》48引 |
| 04 | 《丧服集图》 | 不详 | 《两汉三国学案》 |
| 05 | 《古史考》 | 25 | 《三国志·谯周传》 |
| 06 | 《后汉记》 | 不详 | 姚振宗《三国艺文志》 |
| 07 | 《蜀本纪》 | 不详 | 《三国志·秦宓传》裴松之注引 |
| 08 | 《益州志》 | 不详 | 《文选·左思〈蜀都赋〉》李善注引 |
| 09 | 《三巴记》 | 1 | 《隋书·经籍志》 |
| 10 | 《巴蜀异物志》 | 不详 | 《文选·左思〈蜀都赋〉》刘逵注引 |
| 11 | 《谯子法训》 | 8 | 《三国志·谯周传》 |
| 12 | 《谯子五教志》 | 5 | 《隋书·经籍志》 |
| 13 | 《谶记》 | 不详 | 姚振宗《三国艺文志》 |
| 14 | 《谏后主游观疏》 | 1 | 《三国志本传》 |
| 15 | 《仇国论》 | 1 | 《三国志本传》 |
| 16 | 《劝后主归魏疏》 | 1 | 《三国志本传》 |

## 献身教育　功不可没

谯周是四川地区继文翁之后，光扬兴学化人传统的教育大师，有"西蜀孔子"之称。

建安二十五年（220），谯周已担任益州的劝学从事，刘备死后，诸葛亮领益州牧继续让他续任此职。建兴十三年（235），大将军蒋琬接替诸葛亮领益州刺史，再度任用他为典学从事，总管全州的教育行政，直至延熙元年（238）转任太子仆为止。谯周担任蜀汉国教育行政官员长达18年。作为教育行政官员，他恪尽管理育人职守；同时他又在太学担任教职，全心全意履行教书育人责任，培养了一大批德才兼备的杰出人才。

后来，谯周升任"位亚九卿"的光禄大夫，但依然心系育人大事，为后生释疑解惑。蜀汉景耀六年（263），蜀国灭亡，他定居巴西郡安汉县（治今南充市顺庆区），仍举办私学，讲学授徒，为接续和传承南充自文翁兴学"化蜀"以来的文化薪火，建立了不朽的历史功勋。四川和南充之所以世代文运昌盛，人才辈出，建树良多，享誉巴蜀，成为闻名中外的文化名省和名城，亦多亏先贤谯周与焉。

当时，出自他的门下、最负盛名的有被誉为"五贤"的高足：

一是陈寿（233—279），字承祚，被喻为孔门四科长于文学的子游（言偃）和子夏（卜商），仕晋著作郎兼中书侍郎，晚年被任命为太子中庶子，以经典《三国志》著称于世。

二是李密（224—287），字令伯，被喻为"孔门四科"长于文学的子游（言偃）和子夏（卜商），仕晋汉中太守。以彰显孝道的《陈情表》扬名古今。

三是文立（？—？），字广休，仁爱大度，有孔门重仁德的颜回之誉，仕晋济阴太守、太子中庶子。

四是罗宪（？—270），字令则，被喻为孔门长于内政外交的子贡（端木赐），仕晋武陵太守。

五是杜轸（233—291），字超宗，以"发明高经于谯氏之门"为世所重，仕晋犍为太守。

## 潜心史学　成果丰硕

除了经学，谯周对中国古代史学的重要贡献，包括三个方面：古史的考辨、地方史志编写体式的构建以及东汉历史的著述。其中，影响最巨的是对中国古史和地方志的研究。

《古史考》是谯周最重要的史学成果。该书以《史记》记述的先秦古史为研究对象，晋代史学家司马彪指出："谯周以司马迁《史记》书周秦以上，或采俗语百家之言，不专据正经，周于是作《古史考》25篇，皆凭旧典以纠（司马）迁之谬。"

该书在历史上极具广泛的影响力。隋唐和两宋时代的学者们都非常重视它，晚清著名学者姚振宗在《三国艺文志》里说："在隋唐时代，学者们把这部书视为考史著作，所以把它附在司马迁的《史记》之后一并刊布流行。《隋书·经籍志》因此把它载录于诸家正史的注义之后。"南宋时的著名学者高似孙编著历代史籍书目《史略》，对他的《古史考》做了专门介绍，又罗泌著《路史》也多所引述。可见其被重视的程度，遗憾的是《古史考》在宋以后亡佚了。

此书虽佚，然因其见识独到，考辨精审，故受到历来学者的重视。当代学者蒙默说，"其于诸多古史问题，即以今日视角审之，亦多足以补正旧说"，仅就其"遗文所涵祖国古史发展之深层义蕴"而言，它所体现出来的谯周的慧眼卓识，并非那时和今天的学者"皆能洞见"的。

据《史记·周本纪》记载，周朝的始祖后稷出生于帝喾时代，其后经过尧、舜、禹、夏、商5朝，最后传位到了周文王手里，其间世系共历14世1000余年。如果按此推算，14世自后稷开始，每一世都得活过80岁，且都必须得在年老时生子，才能保证他的世代相传而不被中断。《史记》的这个错误竟然流行了近400年之久，当代学者龙显昭在论证之后指出："对此第一个提出疑问的，就是谯周的《古史考》。"

中国历史学家、四川大学教授蒙默（1926—2015）根据现今能见到的《古史考》遗文，指出谯周对先秦古史的研究多所创见。例如：

汉魏至于谯周时，学者们谈论"三皇"即有四种说法。哪一种说法才是正确的？"三皇"的先后次序怎样？那时的学者们并没有人能够搞清楚。唯有谯周辨明"三皇"所指的具体人物和次序即燧人氏、伏羲氏和神农氏，否定了以"伏羲"为"三皇"之首的旧说。这与后世研究先秦古史的学者们所认同和接受的完全一致。

《易·系辞》有伏羲"作结绳而为网罟，以佃以渔"之说，它表明"此为原始渔猎生产之一大发明，为当时生产之一大进步"。对于如此重要的史事，《白虎通德论》及《帝王世纪》诸书皆舍弃不录，独有谯周把它加以记述和存录，也反映了谯周的高见卓识不同凡响。

《易·系辞》有神农"作耒耜"的记载，而那时的学者"其于耒耜发明之重大意义显乏认识"，故而被著述者所漏略。"《古史考》遗文记神农事虽少，然能明载"神农作耒耜""其识见显较《世经》《帝王世纪》高明也"。

蒙文中赞誉谯周古史创见的例子还有不少，兹不赘述。

据考察可知，谯周是继司马迁之后对先秦古史进行深入精细的研究和考辨的第一人，《古史考》则是中国史学史上的第一部考史专著，其在学术史上的深刻影响、重要贡献和崇高地位，毋庸置疑。

谯周的另一大贡献就是对中国方志史学的开山之功。其代表作是《蜀本纪》《益州志》《三巴记》《巴蜀异物志》四种。

《蜀本纪》记历代蜀王事迹和王位承袭，基本奠定了地方史志"人物"一门的架构。

《三巴记》记述地方行政区划的设置、沿革和山川形胜的历史，从而奠定了地方史志"历史地理"一门的架构。

《益州志》和《巴蜀异物志》则奠定了地方史志之"民风民俗""土特物产"等门的架构。如《益州志》记述蜀锦的洗练写道："成都织锦，既成，濯于江水（后世称锦江），其文分明，胜于初成。他水濯之，不如江水也。"《益州志》和《巴蜀异物志》也兼述山川地理形胜，如《巴蜀异物志》记载："滇池，在建宁（郡）界，有大泽，水周二百余里，水乍深广、乍浅狭，似如倒池，故俗云滇池。"

这四种方志书记述的虽是四川以及西南地区的史事，但其创立的编写体式和内涵要素集于他一人之手，已经开启了中国方志史学最初的体系和范式，为后世地方史志的研究和编写开启了崭新的格局。

## 审时度势　力促统一

诸葛亮及其治下的蜀汉举国上下，长期以来都在坚定地奉行"北定中原""攘除奸凶，兴复汉室，还于旧都"的既定国策，积极推动和参与到实现国家一统的进程之中。即便是在联吴灭曹之后，中国仍然不能允许"二主分治"局面的存在。诸葛亮派往吴国的使者邓芝就曾明确地告诉孙权道："天无二日，土无二王，如并魏之后，大王未深识天命者也，君各茂其德，臣各尽其忠，将提枹鼓，则战争方始耳。"由此可见，诸葛亮生前原本就是坚定把实现国家统一，作为自己的终极政治目标。但在诸葛亮去世之后，蜀汉国高层对于北伐中原这一既定国策的坚守，却一直在向着退步的方向演变。

身为诸葛亮的继任者蒋琬，虽曾提出北伐新战略，但对实现国家统一的信心和底气不足。他给后主上疏说，"今魏跨带九州，根蒂滋蔓，平除未易"。其他有的蜀汉高层人士也认为，"众论咸谓如不克捷，还路甚难，非长策也"。

费祎作为蒋琬的继任人，对北伐一统则更是心灰意冷。他对姜维说："吾等不如丞相（诸葛亮）亦已远矣。丞相犹不能定中夏，况吾等乎！"进而提出终止施行北伐复汉的战略，他要求姜维应"如其功业，以俟能者，无以为希冀侥幸而决成败于一举。若不如志，悔之无及"。当时，姜维"每欲兴军大举"，费祎"常裁制不从，与其兵不过万人"，进而主张"保国治民，敬守社稷"，决意放弃北伐战略和追求国家统一，维持一个分立分治的局面。

此外，大将军张翼也曾当面反对姜维 "复出军"北伐，"以为国小民劳，不宜黩武"；右车骑大将军廖化甚至阻止姜维北伐，说"兵不戢，必自焚"。蜀汉国的百姓和军人厌战的情绪亦重。作为 "一都之会，户口众多"的蜀郡，自"亮卒之后，士伍亡命，更相重冒，奸巧非一"。甚至当曹魏大军兵临城下之时，蜀汉朝廷上至皇帝，下到朝臣，有的主张"奔南"，即逃去蛮荒之地南中，凭借"南中七郡，阻险斗绝，易以自守"，建立一个与统一大势相背离和相抗拒的永久独立王国；有的主张"奔吴"，即依靠"蜀之与吴，本为和国"，退居东南一隅，去搞一个寄人篱下、苟延残喘的流亡政府。可见，末期的蜀汉已经不再是往日那个对实现兴复汉室、一统天下的既定战略充满生气和积极进取的国度了。

当时，唯有谯周力排众议劝说后主彻底打消"奔南""奔吴"的念头，坚定地促成了蜀汉以和平的方式归附曹魏。三国鼎峙由分而合走向统一是历史的必然。这是任何人、任何集团势力都阻挡不了的发展潮流。尽管最初魏、蜀、吴三方各自都想统一国家，但当弱小的政治集团无力完成统一，却又要阻碍统一，企图继续维持分立分治局面，那么弱小者就已经成了阻碍国家统一的反动势力，因而不再具有合理性和合法性。如果同情和姑息任何势力集团搞永久分裂割据，就是鼓励和纵容分裂国家的行为。因此，对谯周的所谓"劝降"，我们不应轻易地给予否定。

谯公祠

## 人格独立　不媚贵势

谯周在蜀汉历仕刘备、刘禅二主和诸葛亮、蒋琬、董允、费祎四任丞相，是个名副其实的"两朝"元老，但他的官运似乎并不"亨通"。

他先是在刘备和诸葛亮治下做劝学从事，继之担任大将军兼益州刺史蒋琬的典学从事，分管益州的学政。自后主延熙元年（238），他始任太子仆，后转任太子家令，年俸好不容易达到了千石（古代官员的俸禄单位），后因秉正直言劝谏后主不要耽于逸乐，而被贬为600石的中散大夫。其后，他又因与尚书令陈祗铁面怼，论蜀汉连年征战之弊端，而引发对方的不满。谯周历仕蜀汉40多年，朝廷最后给了他个"不与政事"的三品光禄大夫闲职，只能算是对他的些许"安慰"。

公元263年，蜀亡，魏和西晋朝廷先后封谯周为阳城亭侯和骑都尉，他皆"自陈无功而封，求还爵土"，直至逝世时，还不忘交代后人要"上还"朝廷"所赐"朝服、衣物和钱财。

谯周是一个光明磊落，胸怀坦荡，不愿趋附权贵的人。他虽

然在国君、丞相身
边做事，却从来不
去利用"人脉资
源"为自己谋取高
官厚禄。故而陈寿
评论他"有董、扬
之规"。文中的
"董"即指西汉时
代的大思想家、辅

谯周墓

佐汉武帝的大儒董仲舒，其终身"为人廉直""终不问家产业，以
修学著书为事"；"扬"即指有汉代孔子之称的大思想家、辅佐
西汉成帝的扬雄，他"少嗜欲，不急切地追求富贵，不忧伤惧怕贫
贱，不改变方正不苟的品性谋求虚名。家产不过十金，乏无儋石之
储"。陈寿对谯周的评价，高度概括了谯周重义轻利、坦荡做人、
恪勤公事、谦谨宽宏的人格品质。

为传承谯周在政治、文化、教育等方面的贡献和学习他的人格
品质，陈寿和常璩都曾为他立传扬声。同时，乡梓世代也怀念他，
千古地名谯贤铺（南充市区五里店）至今为人熟知，在今天的万卷
楼景区内有为纪念他而重建的谯公祠和谯周墓。

【参考文献】

1. 陈寿：《三国志》。
2. 常璩：《华阳国志》。

（李纯蛟，西华师范大学教授）

# 西晋史学家：陈寿

李纯蛟

　　**陈寿**（233—297），字承祚，出生于蜀汉后主刘禅建兴十一年（233），祖籍晋巴西郡安汉县（县治今四川南充市顺庆城区），西晋时期杰出的史学家。

西山风景区·陈寿像（李永平摄）

## 安汉诞育了史学巨星

公元233年的一天，随着"哇"的一声惊世啼哭，一个新生儿、后来《三国志》的撰著者陈寿便诞生在安汉县城。

安汉是忠义之邦。它是由西汉开国皇帝刘邦为了表彰将军纪信"舍身诳楚"而建置。这里素来崇文重教，西汉大辞赋家司马相如、东汉的名儒陈禧、谯岍、蜀汉的通儒谯周等都诞生于此。陈寿自幼生长在这块文化沃土之上，深受善性濡染，得到了良好的人格塑造和文化涵育，从而为他后来的为官履历、学术成长和史学建树（见下表），注入了强大的动力。

陈寿史学及政论著述一览表

| 序号 | 书名 | 卷（篇）数 | 备注 |
|------|------|-----------|------|
| 1 | 《三国志》 | 66卷（含《叙录》1卷，已佚） | 存65卷 |
| 2 | 《古国志》 | 50篇 | 亡佚 |
| 3 | 《释讳》 | 不详 | 亡佚 |
| 4 | 《广国论》 | 不详 | 亡佚 |
| 5 | 《晋驳事》 | 4卷 | 亡佚 |
| 6 | 《晋弹事》 | 9卷 | 亡佚 |
| 7 | 《益部耆旧传》 | 10篇 | 亡佚 |
| 8 | 《益部耆旧传杂记》 | 2卷 | 亡佚 |
| 9 | 《官司论》 | 7篇 | 亡佚 |
| 10 | 《诸葛氏集》 | 24篇 | 亡佚 |
| 11 | 《汉名臣奏事》 | 30卷 | 亡佚 |
| 12 | 《魏名臣奏事》 | 41卷（含《目》1卷） | 亡佚 |
| 合计 | 12种 | 200余卷（篇） | 存65卷 |

## 蜀国太学之文史全才

　　陈寿出身安汉的殷实之家，从小父母就为他和兄弟子侄建有私家读书楼（后人尊称"万卷楼"），并延请名儒作为学师，悉心辅导其学业。长夜不熄的读书楼孤灯，伴随陈寿度过了无数个春夏秋冬。在十五六岁，他便以优异的学行被举荐到了成都蜀汉国最高学府太学读书。

　　陈寿师承通儒谯周，"研习《尚书》《春秋》三传（《左氏传》《穀梁传》《公羊传》），尤其是深入精研细读司马迁的《史记》和班固的《汉书》，生性聪慧机敏，见识深刻独到，撰写文章极富内涵且文辞优美"。因此，陈寿在太学里获得了名齐"孔门四科"中最擅长经史诸子之学的"游夏（孔子学生子游和子夏的并称）"之美誉。

　　作为太学中学贯古今的全才，陈寿不仅扬名蜀地，而且入仕西晋之后，同样是享誉全国的大才子。陈寿初入晋廷，武帝知其文才超人，就封他为佐著作郎的官，该官职虽然品级不高，但"职闲廪重，贵势多争之"。在佐著作郎任上，武帝把领衔整理《诸葛氏集》的职任交他完成，这在当时可谓是一项维稳促统的国家级战略性文化工程，当《诸葛氏集》整理完成上奏朝廷后，武帝当即就把他从平阳侯相任上调回，提拔为职掌国史的六品大著作郎。其后他又曾改任治书侍御史，但当武帝读了他写的《益部耆旧传》后，非常欣赏其文才，又重新让他回任大著作郎并兼五品中书侍郎。史传称述他"辞章灿丽，驰名当世"，梁、益"二州先达及华夏文士多为作传"。

　　正是陈寿所具有的超世文史才能，晋武帝才让他来掌国史之任，在晋武帝看来，唯其才华，举国难求，非陈寿莫属。

## 坦荡清正的"硬刚"之臣

陈寿一生历官蜀汉国卫将军姜维的主簿（掌管文书的佐吏）、东观秘书郎（掌图籍）、散骑侍郎和黄门侍郎（侍从皇帝，顾问应对，规劝得失）。入晋后，他又先后任职佐著作郎、平阳侯相（相当于县令）、大著作郎（掌国史）、治书侍御史（监察）、大著作郎兼中书侍郎（掌中书省事务），临终前被授予太子中庶子（掌东宫禁令、侍从规谏等）之职。他入仕西晋至终老一直兼任巴西郡的中正官，负责对人才的甄选。

他处世为官，褒善不吝，疾恶如仇，心地坦荡，正派干净。读《三国志》的人都知道，陈寿的父亲曾因街亭战败，被诸葛亮处了髡刑（剃掉头发）。这在重视身体发肤受辱即大不孝观念的时代，它足以让祖宗和家族蒙羞，但陈寿并不像世俗传言的那样，借撰写《三国志》就挟私抹黑诸葛亮，相反他写《诸葛亮传》时，不吝篇幅和极尽美词，详述与赞颂了诸葛亮的伟大人格及历史功绩，此为常人难以企及。

在蜀汉朝廷，面对宦人黄皓专弄威权，"大臣皆曲意附之"，而身为散骑侍郎、黄门侍郎侍从刘禅的陈寿，却"独不为之屈"，故而"屡被谴黜"，真是一位无私无畏的"硬刚"之臣。

西晋武帝泰始四年（268），陈寿进入西晋新朝做官，他与母亲离开南充，在洛阳开始供职于中书省。《三国志》书稿撰成后，中书令（三品，中书省二号首长）张华"深爱"陈寿的才华，"认为班固和司马迁也比不上"，甚至对他说"应当把编写国史《晋书》的重任相托付"。后来张华又"上表给惠帝欲让陈寿登九卿高位（三品官）"。当时，中书监（三品，中书省一号首长）荀勖担心他们二人走得太近会架空自己，就利用职权私下说通吏部，拟把陈寿外调长广郡（山东蓬莱）做太守，然陈寿不愿屈从权势为五品官帽折腰，便借口母老需尽孝，断然拒绝。

## 维稳护统的学界旗手

晋武帝太康元年（280），孙吴归附西晋，国家重新实现了统一。然而，当时国家面临的问题很多，经济亟待重振，新归附地区叛乱频现。由西晋承继曹魏而来的那部分臣民，有着一种凌驾于蜀、吴灭国遗臣遗民之上的天然优越感。他们"群然一词，指蜀、吴为伪朝"。在官场政治和世俗社会中，也都充斥着对蜀、吴遗臣遗民的歧视、嘲弄和贬抑。

在学界，由魏入晋的学者们撰著三国史，"（只）知有魏，不知有吴、蜀也"。旧时的蜀、吴人士也只是给自己的故国写史，而忽视另外的两方。总之，历史的"偏见"和现实的"对立"在思想界、文史学界充斥着，乃至在整个国度，俨然还是"三国鼎立"局面的存在。

为了整齐人心，陈寿自觉担起了私著全新三国史的责任。他不仅给魏、蜀、吴三国各写了专史，还给其均等的历史地位，而且都能站在旧时各自国家臣民的立场，用为"故国"代言的情感笔法书写各国的历史，这自然为旧国魏、蜀、吴的士民所乐见和接受。

太康年间（280—289），《三国志》全书完成。西晋当朝人士盛赞陈寿"《三国志》辞多劝诫明乎得失，有益风化"。非常耐人寻味的是，其时有一个叫作夏侯湛的史学家正在撰写《魏书》，"见寿所作"，感觉自己的史识太过迂腐陈旧，已不合国策民意之时宜，"便坏己书而罢"。

西晋元康七年（297），《三国志》经由晋惠帝下诏抄发颁行全国，被确定为传播三国历史和学校教学的标准三国史书，自然收到了让朝野都能公正客观对待历史、矫正视听、化解积怨、聚合人心，拥护新朝，稳定社会、全力振兴国家的大实效。

陈寿以史学家应有的道德良知，主动担负起著史资治的时代责任，说他是爱国维稳护统的史学界旗手，则是实至名归。

## 《三国志》成就一代史学宗师

陈寿决意要撰写一部完整的三国史，即给魏、蜀、吴三国各写专史，这实非易事。如果遵行司马迁《史记》和班固《汉书》的"一姓为主，其余皆仆"的体例，便无法达成这一目标，这就需要创新史书体例。于是，陈寿把司马迁《史记》和班固《汉书》的纪传体和左丘明《国语》的分国纪事体融合在一起，创造出了纪传体分国纪事的崭新史体，这在中国古代史学史上，可谓是空前绝后的创新之举。

《三国志》在成书之初就广受好评。《晋书·陈寿传》说"时人称其善叙事，有良史之才"。尽管自东晋以来迄于清代，史载至少有18位史家如习凿齿、张始均、梁祚、陈亮、李杞、萧常、翁再、郑雄飞、郝经、赵复、张枢、赵居信、王希圣、谀陛、吕尚俭、王复礼、章陶、汤成烈，都曾以各种理由企图或实施了改写《三国志》。但他们最终都被历史的沉沙掩埋，成了史坛的千古笑柄。

陈寿对于中国古代史学的伟大创新和伟大贡献，还在于开创了崭新的史学文法。西晋范頵在《上采录三国志表》一文中写道，《三国志》"虽文艳不如相如，但质直过之"，所谓"质直"，即指文法质朴平实。此说虽有不无遗憾之慨，却是把《三国志》的史学文法不同于文学文法的特点讲得十分清楚。南朝刘勰曾评价说，在魏晋时代所有三国史书中，有的"或激抗难征，或疏阔寡要，唯陈寿《三志》（即《三国志》），文质辨洽"。何谓"文质辨洽"，就是把朴素无华的文法和真实可信的内容结合得极致完美。

清代学者刘熙载针对前人批评陈寿的"文艳不如相如"，中肯地指出："此言殆外矣。（司马）相如自是辞家，（陈）寿是史家，体本不同，文质岂容并论！……然观陈寿书练核事情，每下一字一句，极有斤两，虽迁、固亦当心折。"充分肯定了陈寿开创的史学文法。

《三国志》在中国古代史学史上的地位

| 24部纪传体正史之中 | | 书名 | 作者 | 时代 |
|---|---|---|---|---|
| 第一部 | 纪传体国别史 | 《三国志》 | 陈寿 | 西晋 |
| 第一部 | 完整的全三国史 | 《三国志》 | 陈寿 | 西晋 |
| 第一部 | 完全意义三国史书 | 《三国志》 | 陈寿 | 西晋 |
| 唯一一部 | 纪传体国别史书 | 《三国志》 | 陈寿 | 西晋 |
| 唯一一部 | 完整的全三国史书 | 《三国志》 | 陈寿 | 西晋 |
| 唯一一部 | 四川籍史学家 | 《三国志》 | 陈寿 | 西晋 |

当然，《三国志》与其他的史书一样，也不可能穷尽所有文献，难免有所遗漏或误记，对此东晋刘宋时期的裴松之《〈三国志〉注》中还保存了大量后世已失传的文献，并为后三国文化的衍生提供了诸多重要元素。

## 历代国人的永恒纪念

西晋惠帝元康七年（297），陈寿病逝洛阳，享年65岁。其母先他病逝洛阳，亦安葬于洛阳。

自隋唐以来，人们为了纪念陈寿对中国文化做出的杰出贡献，都给他建祠立庙并四时祭祀。唐宋皇帝还敕封陈寿为"昭德文惠侯"，被纳入国家的祀典。唐代民间道教则把陈寿封为南充西山的

南充西山万卷楼

山神，常年加以供奉。

南充果山原有陈寿读书楼，但因历代屡遭天灾兵火毁损，人们往往都重加修复，至明代开始把陈寿的读书楼尊为"万卷楼"，以表达崇仰之意。1990年，南充市政府把万卷楼从原址迁建于今址，不仅楼宇恢宏，且经装饰布展，极大地充实了万卷楼的内容，使之成为近1800年来纪念陈寿最为宏阔的建筑群和旅游景区，以及中华优秀传统文化的教育和研学基地。南充市西河西岸新建有大型的《三国志》雕塑群，另有用"陈寿"名字命名的小学、中学和街道。

1993年10月和2001年，在南充举办了两届纪念陈寿的国际学术研讨会。2023年，陈寿被列为四川省第二批十大历史文化名人，并批准在西华师范大学（南充市顺庆城区内）设立了"四川省陈寿研究中心"。

如今，陈寿和《三国志》已经成为南充文化的重要元素和代表符号之一。市区每年都定期开展全民诵读《三国志》活动，嘉湖书院把《三国志》列为南充市民学校和少儿读经班的必读经典，并常设陈寿《三国志》讲坛。陈寿的精神已经并将继续得到传承、弘扬和光大！

**【参考文献】**

1. 陈寿：《三国志》。

2. 常璩：《华阳国志》。

3. 房玄龄：《晋书》。

唐宗时期

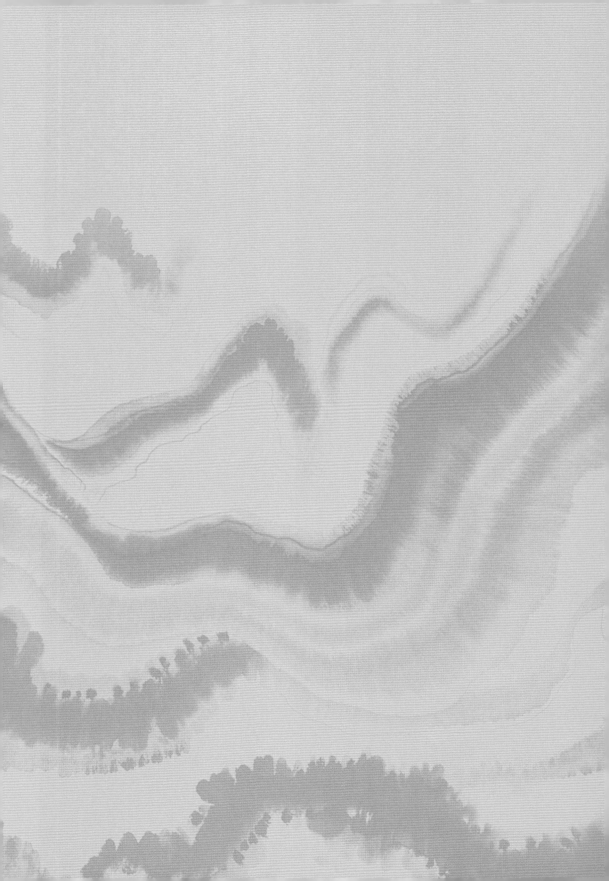

# "梧桐双凤"：尹枢、尹极

胡晓慧

    **尹枢**（720—805），大约出生于唐玄宗开元八年（720），卒于唐德宗贞元末年（805）。**尹极**，生卒年不详。二尹出生在阆中市解元乡（今二龙镇）解元场东面尹家湾。尹枢，唐德宗贞元七年（791）辛未科状元及第；尹极，唐宪宗元和八年（813）癸巳科状元及第，兄弟二人在古稀之年先后中了状元，成为中国历史上最年老的一对兄弟状元，被世人敬称"梧桐双凤"。

    二尹的出生地尹家湾位于原解元乡境内。解元乡地处四川省阆中市东北部，距市区30余公里；新中国成立前为二龙乡管辖，1951年民主建政、土地改革命名为解元乡，2019年撤销，现划归二龙镇管辖。二尹故居的撮箕口木质结构院落，至今保存完好，只是二尹墓已被毁坏变成耕地；二尹的后代已不可考，现在的尹家湾尹姓人据说是在清朝时期由湖北人尹启信带领族人填四川而来此定居。

    据传，尹枢于唐德宗贞元七年（791）状元及第，尹极也中了解元，兄弟俩便举家迁居现阆中保宁镇状元府第即阆中古城学道街30

号（今阆中市学道街天主教堂旁）。二尹离乡前，议定将故居"庆福院"充公，以作为乡人的读书院，庆福院后改名解元寺，殿门前后有三道匾，曰"佑启人文""文光射斗""枢极联光"，看上去都是尹家湾人对二尹状元的颂词。清光绪三十一年（1905），解元寺内开设官办学校，此后规模不断扩大。当时因有解元寺后便形成解元场，如今解元场、二龙场各有一个中心校，解元中心校已有幼儿园、小学、初中三部。

解元场为状元故乡的说法由来已久，虽然兄弟二人何时上榜解元并无史料依据，但二尹状元及第确是无疑，现阆中贡院进士馆所列表单《阆中历代进士榜》上一目了然，排名第一、第二的就是尹枢、尹极兄弟二人。据咸丰《阆中县志》记载：

> 贞元七年，杜黄裳知举，闻尹极时名籍籍，乃微服访之，问场中名士，极"唯唯"，黄裳乃具告曰："某即今年主司也，受命久矣，唯得一人某，他不能尽知，敢以为请。"极竦然谢曰："既辱下问，敢有所隐？"即言子弟有崔元略，孤进有林藻、令狐楚数人。黄裳大喜。其年极状头及第。

从记载中，我们可以看到尹枢谦虚的品格和超人的才华。唐贞元七年的贡举考试，由礼部侍郎杜黄裳任主考。杜黄裳唯才是举，考前微服访士。杜黄裳知道尹枢考了多年，当时尚无名气，便特意询问尹枢，今年来参考的名士才子中，谁的才华最高。尹枢敷衍地呵呵而已。杜黄裳于是详细地讲出自己的身份——今年主考官，尹枢心下大惊，向他谢罪说不敢有所隐瞒，当即推荐了同考的才子崔元略、林藻、令狐楚等。结果，尹枢不是凭着谦虚，而是凭借才华，一举夺魁，成为当年状头。是年，林藻、令狐楚也成为进士。

同时，1993年出版的《阆中县志》人物传记"尹枢 尹极"

篇中的《唐摭言》也记载有尹枢兄弟二人自放状元之事。其全篇如下：

尹枢、尹极，唐代阆中人，兄弟并擅文名。尹枢，德宗贞元七年（791）状元，弟尹极，宪宗元和八年（813）状元，时称"梧桐双凤"。

新旧《唐书》无传，诗文多佚，仅《全唐文》有尹枢科场所作《珠还合浦赋》《华山仙掌赋》二篇，《全唐诗》载有卢纶《送尹枢、令狐楚及第后归觐》诗一首，尹极仅《登科记考》载其科场诗题为《履春冰诗》。

《闽川名士传》云：贞元七年，杜黄裳主持科举，闻尹枢时名籍籍，乃微服访之，问场中名士，枢唯唯，黄裳乃具告曰："某即今年主司也，受命久矣，唯得一人某，他不能尽知，敢以为请。"枢笮然谢曰："既辱下问，敢有所隐？"即言子弟有崔元略、孤进有林藻、令狐楚数人，黄裳大喜。其年尹枢状元及第。

《唐摭言》"自放状头"一则。杜公主文，志在公选，第三场考毕，庭参，宣布取录名单之际，公曰："主上误听薄劣，俾为社稷求栋梁，诸学士皆一时英俊，奈无人相救（相助）。"庭下五百余人，面面相觑。枢年七十余，独应声曰："未谕侍郎尊旨。"公曰："未有榜贴（评语）。"对曰："枢不才。"公欣然命座，授以纸笔，枢挥毫斯须而就，每写好一人，即大声唱读，庭下无不赞叹其公道精审。共取录三十名，枢写完二十九份，留下自己的未写，公问谁应为状元？枢对："状元非老夫不可。"杜公命枢自写榜贴，放枢为状头。

《唐摭言》是唐末五代王定保（870—940）所著古代文言逸事

小说集，专事辑录唐朝的科举制度掌故和科举士人言行，多为选举志所未载，以补专项记载之遗缺。王定保进一步把尹枢与杜黄裳的传说故事小说化了。在文中，自放状元的尹枢被塑造成为天才般自信的人物。

　　关于二尹著作，虽然史料中提及不多，但尹枢收入《全唐文》的《珠还合浦赋》与《华山仙掌赋》两篇作品却使得他身后千年，声名更显。

　　《珠还合浦赋》是尹枢当年凭此夺得状头的佳作。"珠还合浦"是一个成语，其故事发生在东汉，讲述的是孟尝（字伯周）在合浦郡（现广西北海市合浦县）太守任上，惩治贪吏，制定法令，恢复被破坏的珠贝生态环境，使得珠贝重新回到合浦，社会得到稳定的故事。当时尹枢为此作赋，其文以骈四、骈六为主，仅70句，约450字，短小精悍。现将其引录如下：

珠还合浦赋

——以"不贪为宝，神物自还"为韵

　　骊龙之珠，无胫而至。骇浪浮彩，长川再媚。回夜光之错落，反明月之瑰异。非经汉女之怀，宁泣鲛人之泪。状征既往，莫究奚自。偶良吏兮斯来，遇贪夫兮则闷。想夫旋返之仪，圆明可期。辉如电转，粲若星驰。光浦溆，窜蛟螭。映沙砾，晃涟漪。在暗而投，诚则悲路人未鉴；沉泉而隐，亦常表帝者无为。欣出处兮据德，幸浮沈兮中规。是以特表殊姿，潜怀有道。中含逸彩，上系元造。丑当时之饕餮，应为政之美好。真列郡之尤祥，实重泉之至宝。于是焕清濑，辉浅湾。奔璀璨，走斓斑。岂能与石前却，随流往还。泛连波之下，盈一水之间而已哉。兹川兮始明，老蚌兮勿剖。瓴瓹兮罢笑，琼瑰兮莫偶。抱圆质而胥既，扬众彩而未久。方载沉而载浮，且曷浣而曷不。玉非宝，泉戒贪，实为国之司南。诚感神，德繄物，在为政之不哮。愚是以颂其宝而悦其人，美斯政而感斯珍。想沿洄于旧渚，念涵泳于通津。则知美政不远，嘉猷入神。故中潜皎晶，下沉斋沧。转则无颣，磨而不磷。诚丹泉之莫拟，谅赤水之非珍。苟或疑此为虚诞，愿征之于水滨。

当时，尹枢与唐代宗"大历十才子"之一的卢纶交善，卢纶在《送尹枢令狐楚及第后归觐》一诗中，对他们两人的人品和才华给予了高度的赞美，其诗曰：

> 佳人比香草，君子即芳兰。
> 宝器金罍重，清音玉珮寒。
> 贡文齐受宠，献礼两承欢。
> 鞍马并汾地，争迎陆与潘。

卢纶的遭遇与尹枢应试前有些相似，他屡试不第，两人在多年的交往唱和中，相互了解甚深，尹枢高中状元归乡后，卢纶在长安城里少了位知己。令狐楚是令狐德棻之后，儒学世家子，诗名斐然，与白居易、刘禹锡等中唐大家皆有唱和。试前，尹枢不向杜黄裳自荐而荐崔元略、林藻、令狐楚，不自卑而当仁不让自放状元，看似相互矛盾的两件事情，其实表现了尹枢为人处世机智的临场反应和高度的思维弹性。

关于尹枢之弟尹极的事迹被记载下来的不多，如《阆中县志》（1993年版）所记"尹极仅《登科记考》载其科场诗题为《履春冰诗》"，但其诗的全文却没有，尽管如此，但也有个别逸事流传下来，如史载唐宪宗元和元年（806），西川节度使韦皋病逝后，其曾经的心腹刘辟割据自雄，企图占据三川，朝廷派高崇文领军讨伐。

高崇文到了阆中，寻访当地士绅，有人提到尹极。高崇文本意是招徕些川人到军中效力，闻听尹极是状元公的弟弟，也在刻苦攻读准备考进士，就很高兴地请他前来。结果高崇文看到尹极，却甚感意外，他又把尹极送回去，并对身边的人说："我高崇文今年已经61岁，此人看起来比我还要年长，走在路上尚且让人担心，万一西进有个闪失，高某哪里担待得起啊！我高崇文是个粗人，此人满口之乎者也，绕得老夫头都晕了！"高崇文虽然言语粗鄙，却有识人之明：当时尹极已不下于63岁。

二尹夺得状元后，都不曾出来做官，这与他们年迈和当时官吏考试的体制都有很大关系。唐代士子们要想任实职，除了要通过殿试，还必须通过"关试"。"关试"须由吏部选试，考察的内容包括身、言、书、判四项，而状元二尹都没有做官的强烈愿望，故先后选择了同一种退场方式即回乡养老。朝廷因感念古稀状元尹枢的刻苦精神，拨款命地方政府负责为其修筑状元府第。阆中地方官员选择了现学道街30号修筑状元居所，并取名状元府第。22年后，尹极又考取了状元，也因为年高没有做官，故亦回到阆中的状元府第，那时尹枢已经辞世。

状元府第经过了许多次改朝换代，一度变得荒凉冷落，最后至于消失，原址变成了天主教堂。改革开放20年之后，阆中市人民政府为了发展文化旅游业，与爱国教会达成协议，划出教会所占地面约2200平方米恢复重建状元府第，以东面约1100平方米重建天主教堂。2010年，阆中电力倾情打造，不知不觉，"双璧"重现。现在我们走到状元街街口，左望是状元府第，右望是天主教堂，两座不同风格的建筑，诉说着阆中的悠久历史、包容个性。有学者的文章这样写道："状元府第穿斗式建筑结构，三进式院落。天主教堂坐拥其中，中西文化合璧、两景和谐相融，为古城内民居院落之孤本。"这应该是对如今的状元府第非常概括精到的表述。这里说到的状元府第和天主教堂的情形，应该与实际情形稍有不同。如今，状元府第和天主教堂各自独立，而状元府第却能巧妙地向天主教堂借势，站在状元府第"天放楼"二楼就可以看到天主教堂的十字架，子夜之前还可以听到教堂整点的祷告钟声。

2012年，美国学者格兰特行游中国，其后以一本专著《中国你惹不起》来揭秘中国历史文化。书中有小标题《状元及第：大话西游中的中国式"转运"》。格兰特在书中对状元府第进行了浓墨渲染。摘录如下：

如果你要我用一句话形容状元府邸的感觉，那就是像去中国古人家中做客，身在其中，就像穿行在古时的文人庭院。高墙青砖，门窗木柱，雕饰精美，院中有院、院中有园。它既有中国江南园林式庭院风格，又有中国北方四合院的味道。

在入门的照壁（类似屏风的一堵墙）上，青瓷碎片拼出的"梧桐双凤"是状元故事，屋子里供奉的不是神明而是状元，门上的匾额是告诫后人读书励志，因而这座千年历史的古城被称为"状元之乡"。在我眼里，每个人都会在这里找到自己感兴趣的地方，因为状元府邸的文化气质实在太浓了，庭院里种着古诗里写的兰草和梧桐树，桌子上的文房四宝是"天下第一"的巨大砚台，就算不懂意思，我觉得那些随处可见的优美汉字本身就是艺术。

如你所知，中国的独特东方气质总是带着神秘的色彩。它传统又优雅。状元府邸似乎就在用这样的方式体现着中国汉字、茶艺、古筝都是标志性的中国元素。在院子里有盆花、翠竹和爬在院墙上的藤蔓，这些东西都在构成这"书香门第"的气息。当中国历史的印记正被现代文明的喧嚣湮没时，在这个过去与现在交汇的院落，这种原汁原味的宁静算是一种奢侈的享受了。

格兰特在这本书里，处处将"府第"写作"府邸"，其实是不准确的。二尹虽是状元，但都没有做过官。阆中确实有"府邸"，那是指阆中古城三陈街附近的三陈府邸，因为三陈兄弟，两状元一进士，两宰相一节度使，有名又有功。

状元府第现在很像一个民宿，但又基本不对外，所有客房的名字，都是从尹枢的文章《珠还合浦赋》里取来的。比如殊姿、逸彩、扬众、长川、斯珍、丹泉、之仪、奚自、惟昔、元造等双音节词，古意十足。

二尹状元府第的修复，彰显了官方弘扬文教的传统精神。与尹极同榜登第的阆中人张环，兄弟七人并举进士，也是书香名门。史上的阆中黎氏同样是科甲名门，书香传家，与状元府第仅四五门之隔的学道街2号，有挂联"千金一刻，春原无价；二尹三陈，德必有邻"的"黎宅"，就是明末川北道道台黎元恭及其后世子孙的居所。

状元二尹的出现，体现了阆中人尚文好学的传统风气，激发了代代求学者的精神动力。后世考生如司马光、苏轼等游学或者赶考经过阆中，都会去状元街拜访二尹兄弟状元，以求自己在科举考试中能够金榜题名。

为了纪念二尹兄弟等五状元，阆中还将一条历史悠久的古街定名为状元街，其长约130米，宽约5米。据阆中旅游官网介绍，从徐家牌楼口北至学道街，与南街通连的一条街，清代和民国县志都称状元街，为纪念阆中状元而命名。明嘉靖《保宁府志》载，南十字街口（今称徐家牌楼）的北口即状元街口有"三状元"坊，纪念陈尧叟、陈尧咨和南部马涓；东、西、南口分别有"三学士"坊（纪念宋代雍直、蒲传正、鲜于端夫）、开科解元坊（纪念曹永兴）、发轫都宪坊（纪念任维贤）。咸丰县志图载，状元坊已重建于街之中段，坊列尹枢、尹极、陈尧叟、陈尧咨、马涓五状元名。今状元坊移于内东街，列唐兄弟状元尹枢、尹极和宋兄弟状元陈尧叟、陈尧咨阆中四状元名。

至于阆中古城中的状元坊，其最早修建的时间虽然不详，但它至少在明代就有了，其重修不下四次。它最早应该是建在状元街与学道街交会处的二尹状元坊，大约就是在如今二尹居住地状元府第街头的位置，明清时期修建，民国时期被拆毁。第二座状元坊应该在徐家牌楼，是纪念三状元二陈和马涓而建。第三座状元坊应该就是"重建于街之中段"纪念五状元的。第四座状元坊即我们在21世纪看到的纪念四状元的牌坊，是2000年市政府斥资100万元重建于阆中市东街古城入口处，其四柱三门，高20多米，宽10多米，两边的横梁上有二尹、二陈两对兄弟状元姓名，气势恢宏。新状元坊是阆中古城状元文化的重要载体，它将古街区与新街区分隔开来，成为游客网红的打卡地。

2013年，市政府又在白塔山下马哮溪，建成了一个状元文化主题广场，广场有二尹、二陈兄弟状元的雕像，围墙上浮雕有二尹的"梧桐双凤""自放状头"的状元故事。

## 【参考文献】

1. 明嘉靖版《保宁府志》。

2. 《阆中县志》，清咸丰版、民国十五年版，以及四川人民出版社1993年版。

3. 刘学银主编：《四川省二龙镇状元故乡民间传统文化汇编》，2023年修订版。

4. 《状元府第的状元情结》，《名城研究》，2020年。

5. 《阆中古城街道名称的由来》，阆中旅游官网，2018年12月8日。

6. 《唐代阆中尹氏兄弟先后状元时称"梧桐双凤"》，《华西都市报》，2015年6月12日。

7. 杨昌平：《科举状元轶事·老翁毛遂自荐成状元》，《北京晚报》，2016年6月28日。

8. 章宪法：《中国历史上的"奇葩"状元，《新京报》，2021年6月7日。

9. 〔美〕格兰特（格老三）（Grant Gilreath）著，杨大威编译：《中国你惹不起·状元府邸见书香》。

（胡晓慧，阆中中学高级教师）

# 唐代佛学高僧：何炯

吉怀康

何炯（780—841），法号宗密、圭峰禅师，谥号定慧禅师，塔号青莲。唐德宗建中元年（780），他出生于唐果州西充（今四川省西充县多扶镇鹭鸶沟村），坐化于唐武宗会昌元年（841）。何炯是唐代中后期著名的佛学大师、宗教思想家和哲学家。

780年，宗密出生于今西充县多扶镇鹭鸶山下一富裕人家。鹭鸶山在凤凰山南，山上有井，相传井侧有巨人脚迹，后何炯母亲踩上巨人脚印而怀孕生下何炯。因他是未婚而生，家人遂将他抛弃于野外，然而其后有鹭鸶飞来，且用羽毛将他盖住，故未冻死，所以此山得名鹭鸶山。由此可见，在乡民的心中，何炯的出生有着多么神圣的色彩。

何炯少通儒书，家虽富有却无人为官，族人均希望他能走科举之路，以金榜题名，光宗耀祖，但父母早亡的伤痛，使生命的无常一直困扰着他。唐贞元二十年（804），24岁的他前往遂州（今遂宁市）义学院进修，亦准备参加科举考试，然而一个偶遇的机缘，他在大云寺见到正从西川（即剑南西川，指今四川中西部的一部分地区）游方到此的道圆禅师，两人相谈甚欢，何炯遂从道圆出家，学习禅法。道圆乃菏泽宗四祖，给何炯取法名"宗密"。此后他熟读《圆觉经》，道圆又送他中土华严宗初祖、杜顺大师的《华严法界观门》，并介绍他去益州（今成都）圣寿寺谒见道圆的老师南印禅师。宗密在成都参学3年，南印对这个博学慎思的徒孙印象深刻，盛赞他是"传教人也，当盛于帝都！"

唐宪宗元和五年（810），宗密从四川东下游历襄汉（今湖北荆州、襄阳一带）时，时华严四祖澄观大师的弟子、恢觉寺灵峰上人（即指寺庙中持戒严格并精于佛学的僧侣）把《华严经》等三部重要著作传给了他，这对何炯由"菏泽宗"转向"华严宗"起了决定性的作用。他认为，在禅宗系统里，南宗菏泽一系最高；在中国佛教八宗的系统里，"华严宗"最高，而它们都和《圆觉经》相通，主张人人皆有灵知本觉的真心。于是他以《圆觉经》为中介，连通菏泽宗的顿教与华严宗的说教。此后他在襄阳城西的云居寺宣讲《华严经》，当时远近百十里的僧俗人众纷纷前来听讲，从而获得很大成功，其后洛阳的神照禅师（也是南印禅师的弟子）又邀请他去东都洛阳弘法。

唐宪宗元和六年（811），何炯到洛阳奉国寺拜见神照禅师，神照称赞他为"菩萨人也，谁能识之？"随后他又应洛阳信众的请求，在"菏泽宗"的主场开讲起了《华严经》，此时他禅机俊发，在弘法上获得巨大成功。据传，当时一位年轻法师泰恭听他弘法之后，感佩铭心，居然要断臂以示敬仰，险些惹出官司，幸好后得名噪全国的澄观大师的援手，方得化险为夷。此事成全了澄观大师和何炯的师徒名分，为他以后的学术成就营造了非常有利的条件。泰恭法师后则成了何炯的爱徒。

澄观由于在《华严经》方面的卓越成就，被推为华严宗四祖，世称"华严疏主"，受封镇国大师、清凉国师、大照国师、大统国师等称号，一生备极尊荣。唐宪宗元和七年（812），何炯到上都长安终南山云华寺拜谒澄观，澄观叹曰："毗卢华藏，能随我游者，其唯汝乎？"澄观决定把他培养成华严第五祖传人，时常带着他到长安城中各寺院讲经弘法，何炯自己的佛学思想也随之逐渐形成。

唐宪宗元和十年（815），何炯住终南山智炬寺阅藏3年，开始从事经论的撰述。元和十四年（819）他回到长安兴福寺，其研究方向又转向唯识佛学。这期间，他完成了包括《圆觉经大疏》在内的多部重要著作。唐穆宗长庆元年（821），何炯朝五台山后回到终南山住草堂寺，后转沣德寺，两寺藏书甚丰。尤其是草堂寺，它在中国佛教史上有着重大影响，是西域僧人鸠摩罗什到达长安后译经讲经的场所，开中国历史上第一次由国家组织且大规模翻译外国经文之举。沣德寺是律宗创始人道宣的居所，法相宗的圆测也曾居此，他们都是佛学巨匠。

此后，何炯的著作也相继问世，其名声越来越大。唐文宗太和年间（827—835），何炯经常被召入内，讲授佛法，御赐紫方袍，赐予"大德"称号。其时朝臣士庶归仰他的人很多，如裴休、萧俛、白居易、刘禹锡、李训等。白居易曾写《赠草堂宗密上人》，刘禹锡有《送宗密上人归南山草堂寺因谒河南尹白侍郎》，诗僧无可有《赠圭峰禅师》，这些诗文表达了他们对大师的敬佩之情。宰相裴休也成为他深入堂奥的弟子之一。

太和九年（835），受过儒学熏陶的何炯因有着浓重的悲悯情怀，曾被卷入了"甘露之变"的政治旋涡中。当年，宰辅李训等与凤翔节度使郑注伪造"甘露瑞祥"，拟借观看甘露之机，杀死擅权的太监仇士良等人，以铲除宦官集团，但此事败露，仇士良得知大开杀戒，其牵连甚众，宰相王涯等多人被腰斩，李训等人遭灭族。李训本人逃往终南山，何炯拟为他削发并将之藏于寺中，但李训在逃亡途中被杀，此事被仇士良得知，何炯被捕下狱，审问人"面数其不告之罪"，要将他处以死刑。何炯面对血雨腥风，却怡然自得地说："贫道识训年深，亦知其反叛。然吾本师教法，遇苦即救，不爱生命，死固甘心！"他的正气和坦然，当时打动了审讯人之心，竟免除了他的死罪。后世佛教徒对宗密这种大无畏的精神至为赞誉，称他为"菩萨之人"，认为他真正做到了"甚大慈悲，不舍周旋"。

唐文宗开成元年（836）前后，何炯回到阔别近30年的故乡西充，祭拜祖坟、追荐亡亲，并在资福寺举行盛大的盂兰盆会。他少年时曾跟随资福寺住持胜德法师在此学习过，故此次在该寺讲经说法有着特殊的情感并留下了许多传说。大殿左侧的雨花堂，就因他此次升堂说法时天飞雨花而得名；堂后有龙池，则是因其讲经时传说有八龙听经而得名，这也就是史载"感应瑞相，八龙听讲，夜雨飞花"的来历，"龙池法雨"后来成为西充八景之一。其后，何炯还被迎请到绵竹祥符寺登高说法。

唐武宗会昌元年（841），何炯在兴福塔院圆寂，终年62岁。他遗嘱不修墓、不建塔、不哀哭扰乱禅观。唐大中七年（853），即他去世12年后，裴休才为他在草堂寺里建了一座墓塔，唐宣宗追谥此塔为"定慧禅师青莲之塔"（"定慧"是宗密的谥号，"青莲"是他骨塔的谥号）。另外，刻于大中九年（855）的《圭峰定慧禅师传法碑》，由裴休亲撰碑文，碑顶篆额为大书法家柳公权手笔。

何炯是中国佛教史上一位非常有名的学者。他著作等身，据宋《高僧传》卷六载，说他所著"凡二百许卷"，这都是他一生心血的结晶。他的著述主要有《圆觉经大疏》12卷、《圆觉经大疏释义钞》13卷、《圆觉经略疏》1卷、《圆觉经略疏钞》12卷、《圆觉经道场修证仪》18卷、《金刚经疏论纂要》2卷、《唯识颂疏》2卷、《大乘起信论疏注》4卷、《四分律藏疏》5卷、《华严经普贤行愿品疏钞》6卷、《华严经论贯》15卷、《注华严法界观科文》1卷、《华严心要法门注》、《注辩宗论》1卷、《佛说如来盆经疏》2卷、《涅槃经纲要》3卷、《禅源诸诠集》130卷、《禅源诸诠集都序》4卷、《中华传心地禅门师资承袭图》1卷、《道俗酬答文集》

10卷、《原人论》1卷等。

何炯所处的时代，政治黑暗，宦官专权，朋党之争，藩镇割据，教门冲突非常严重。在这种纷乱的社会情况下，他以华严五祖和菏泽五祖的领袖地位，提出融合论，即以佛教为主体而融合儒、释、道三教，同时在佛教内部融合禅教、融合渐顿，即三教合一、禅教合一、渐顿合一，由此使佛教走上了融通之路，提出了未来佛教发展的总体思路，也为中唐时期面临的一系列社会问题提供了解决思路。

虽然，何炯站在佛教立场上，判儒、道为"迷执"，但他又在"会通本末"方法论的作用下，对三教的功用、特点、异同作了精到的分析。他认为，从理论成果看，三教有高低之别，儒道"二道唯权，佛兼权实。策万行，惩恶劝善，同归于治，则三教皆可遵行；推万法，穷理尽性，至于本源，则佛教方为决了"。从社会功用看，三教有同有异，"然孔、老、释迦皆是至圣，随时应物，设教殊途，内外相资，共利群庶"。而佛教的三世因果学说，人可以凭借自己的努力，开拓和改变未来的命运才是佛教最积极、最乐观的精神实质。他的《盂兰盆经疏》，以佛教迎合儒家的孝道思想，更显示出佛教对中土伦理思想的全面接受和彻底认同。

何炯的学术成就赢得了后人的尊重。中国现代著名哲学家、宗教学家及史学家任继愈教授认为他是"唐代中后期最大的禅宗学者"。中国科学院学部委员、哲学家吕澂称赞他的思想"代表了中国佛教最高峰的思想"。东南大学董群教授说他"无疑是唐代第一流的思想家，他在中国佛教的心识论、判教观、修为观上都达到了正统佛教的最高水平，同时又为中国佛教未来的发展揭示了基本的方向"，还"激发了宋明理学本体论的建立和完成"。加拿大华裔学者冉云华教授著有《宗密》（宗密为何炯的法号）一书，对他的哲学思维赞赏有加。此外，还有不少有世界影响的学者，如中国港台、日本、韩国、西欧、北美的学者都时有对他研究的论文、专著问世。2016年，四川师范大学教授徐湘霖重新修改再版了他的《圭峰宗密大师传》。徐教授认为，何炯"是中国佛教史上第一个对禅学和初期禅宗史进行总结性研究的佛教学者"。他穷半生精力编撰的130卷《禅源诸铨集》，对中印佛教史、禅宗史作了总结性工作，被世人誉为"未曾有也"的《禅藏》。他的《原人论》在中国思想史上导入佛教的心识论，首开中国思想史探究主体性心性的端绪；他在主张佛教的优越性的同时，又给儒、释二教保留了一席之地，开唐以后三教融合的先河；它对以前的佛教思想作了总结，并成为宋学的先声。

还有学者认为，何炯的理论成就，很大一部分归功于他独特的方法论，即他探讨问题的解剖刀—四段论—客观记叙、辨明浅深、指证得失、会通本末。这与禅宗常见的"灯录""语录""评唱"相比，它更接近于现代科学方法。

西充县九条渠山麓的大佛寺（庞国庆摄）

在故乡西充县，他曾阅读经书和弘扬佛法的资福寺，即现晋城东门桥头原西充中学旧址中的大佛寺曾多次被毁又重修，明武宗嘉靖二十一年（1542）重修，县令宁元伯作《重修圭峰禅院记》，对宗密的身世和寺的重建始末均有说明。2000年，西充县政府投入巨资，将大佛寺迁入化凤山公园内。如今的大佛寺依山而建，层层叠叠，从山麓直达山顶，成了一座恢宏的佛教建筑群落。每年大年初一，西充人都会全家出动，邀朋携友，登山礼佛，成为新的习俗。此外，留下了鹭鸶山下的"宗密读书亭"、观月楼、泉水池、龙眼井等遗迹和传说。

今天，西充仁和镇上号称"北福禅关"的北福寺，现为省级文物保护单位；原中和乡境内的圭峰院为唐朝时敕建。它们都是何炯修行过的地方。双凤镇始建于唐代的圭峰寺，也是因他曾在此弘法，留下"佛即是心，心即是佛"的名言而得名"圭心禅院"，现为省级文物保护单位。

在槐树镇，窦禅山原名少祖山，后名圭峰山，再名窦禅山。相传约在梁武帝天监年间，少祖山山巅即有了竹林寺，但竹林寺一直香火不旺，直至后来已经声名远播的乡人何炯来此挂锡（又称留锡，属禅林用语），讲经说法，其香火才开始渐盛。何炯曾于此著《佛学手本》一册，用楷体恭书于宣纸之上，珍藏于寺内之藏经阁，自此寺内殿宇渐增，高僧云集。何炯离开后，民众感其功业，改"少祖山"为"圭峰山"，更"竹林寺"为"圭峰禅院"。

历代文人墨客对何炯在西充的遗迹多有题咏，如明邑令高鹏的《题资福寺》、邑令李棠的《龙池》，教谕何焕、邑人赵心鼎的《龙池法雨》；清代邑人、进士、广东花县县令李庄的《题圭心禅院》，邑人、仪征（现江苏县级市仪征市）县令李昭治的《过金莲院寻圭峰禅师碑》；民国时期邑人、巴中知县王揩绅的《题圭峰禅师》等。

始建于1992年的圭峰禅院，坐落在何炯故乡的凤凰山上，禅院

凤凰山上的圭峰禅院（庞国庆摄）

由山门、天王殿、大雄宝殿、观音殿、药师殿、地藏殿、鼓楼、弥陀家园等建筑构成，规模恢宏，香火鼎盛。

另外，何炯曾经登高说法的绵竹祥符寺，现建有他的衣冠冢，还专门辟有"圭峰禅师说法处"纪念堂。该墓于1985年修葺一新，墓前立有石碑，题名"唐圭峰宗密禅师墓"。墓的左侧有两通石碑：一为清光绪二十五年（1899）立，上有知县李莲生撰写的记述宗密生平事迹的文字；二为诗碑，上刻清乾隆时太史李调元的诗一首。

## 【参考文献】

1. 清康熙朝、光绪朝《西充县志》。

2. 《新唐书》，中华书局，1975年。

3. 《旧唐书》，中华书局，1975年。

4. 《高僧传》，中华书局，1987年。

5. 《圭峰宗密大师传》，徐湘霖著，四川美术出版社，2017年。

# 北宋宰辅名臣：陈氏四令公

杨小平

陈省华（938—1006），字善则，出生于北宋阆州西水县（今四川省南部县西水镇）人，北宋名臣。陈尧叟（961—1017），字唐夫，出生于北宋阆州西水县（今四川省南部县西水镇），为陈省华的长子。陈尧佐（963—1044），字希元，号知余子，出生于北宋阆州西水县（今四川省南部县大桥镇西水村），北宋宰相，中国历史上著名的水利专家、书法家、诗人，为陈尧叟之二弟。陈尧咨（970—1034），字嘉谟，出生于北宋阆州阆中县（今四川省阆中市古城内），为陈尧叟的三弟。因他与其兄陈尧叟为"兄弟状元"，故备受世人称颂。

北宋名臣陈省华生有三子——陈尧叟、陈尧佐、陈尧咨，先后考取进士，史称"陈门三进士"。陈省华长子陈尧叟和三子陈尧咨高中状元，合称"兄弟状元"。陈省华长子陈尧叟和次子陈尧佐担任宰相，合称"兄弟宰相"。陈省华与陈尧叟、陈尧佐、陈尧咨父子四人离世后曾分别被朝廷追赠为秦国公、英国公、郑国公、崇国公，合称"陈氏四令公"。

陈省华画像

## 北宋名臣陈省华

陈省华祖籍河北朔州（今山西省河朔市）。曾祖陈翔，任唐朝大臣王建从事。他忠贞正直，曾为王建陈述利弊，因劝王建不称帝而违忤王建被贬任新井县县令。新井属阆州，唐李渊于武德元年（618）分置南部、晋安二县，因境内多盐井，故以新井名之（县治今南部县大桥镇新井村）。陈翔后弃官居阆州西水县（今南部县西水镇一带），祖父陈诩闻曾祖父弃官，居阆州西水，遂携祖母与父亲陈昭汶由湖南新化入川，与曾祖团聚，任遭运使。

阆中市东山状元洞

后蜀孟昶广政元年（938），陈省华出生，广政十四年（951）13岁时，父亲陈昭汶逝世，23岁时娶当地人（今南部县）冯氏（？—1019）为妻。广政二十六年（963），25岁的陈省华初入仕途，即为阆州西水县县尉。西水县因境内有西水故名，隋大业元年（605）迁县治于今南部县升钟镇境内。

　　宋太祖乾德三年（965），后蜀降宋，陈省华授陇城（今甘肃省秦安县）主簿，助县令管理文书户籍等事务。他只身赴任，冯夫人及儿子均仍留阆中县城（现阆中县城三陈街），儿子后均在阆中古城东南锦屏山南岩石窟"南唐"逃亡之臣高士安帐下就读。

　　陈省华才智过人，他在任上办事认真，善于理财，尤其注重水利，成就颇高，被时人称道。宋太祖开宝二年（969），陈省华调任栎阳县（今陕西省富平县）县令。栎阳是秦汉京辅、北宋永兴军京兆府所在之地。栎阳北面有白渠和郑国二渠，水利条件好，地理位置亦十分重要，但此地豪强恶霸势力凌人，他们壅塞沟渠，致使下游地区得不到水，无法进行正常的农业生产，官府也无可奈何。陈省华赴任后惩治地方豪强，使得沟渠开通，以泽及下游百姓的生活与生产。

　　宋太宗太平兴国六年（981），陈省华任济源县（今河南省济源市）县令，他与在阆中生活了16年的冯夫人及三子一道离开四川赴任。当时，其长子陈尧叟20岁，次子陈尧佐18岁，三子陈尧咨11岁。他将三个儿子安置到济源县西龙潭的延庆寺内读书，延庆寺远离县城场镇，其环境幽静，非常适宜读书学习，妻子冯氏当陪读。每晚，儿子们在昏黄的油灯下静心学习，冯氏均在旁陪护、监督，在其严格的管束之下，陈氏三兄弟先后均金榜题名。

　　宋太宗端拱二年（989），陈省华任楼烦县（今山西省楼烦县）县令。同年，长子陈尧叟状元及第。次年（990）四月乙巳，宋太宗召陈省华入京，为太子中允，并与长子陈尧叟同日受赐五品服绯袍。淳化二年（991），陈省华先后迁三司判官、盐铁判官、殿中丞。

宋太宗至道元年（995），陈省华知郓州（今山东省东平县）。黄河在当地是有名的"地上悬河"，经常缺口为害，频繁决堤改道，陈省华临危受命，率军民苦战奋斗，终于使黄河回归旧道。宋太宗从治河中看出陈省华的才华，后又任命他为"京东路转运使"，负责京东路漕运的财政管理。京东路包括今山东全部及河北、安徽之一部，其漕运财政直接关系着北宋都城东京汴梁（今河南开封）的经济问题。

由于陈省华重经济、兴水利，成绩突出，朝廷升任他为祠部员外郎，知苏州，赐金紫（指金鱼袋及紫衣，即官服与佩饰）。陈省华上任苏州时，当地正值遭遇大水，灾民遍地。他当即组织人力整治水患，安置流民，收埋死者，赈济灾民，得到宋太宗诏书褒美。

宋太宗至道三年（997），陈省华任户部员外郎。宋真宗咸平元年（998），陈省华知潭州，入掌左藏库，任吏部员外郎。宋真宗咸平四年（1001），他擢鸿胪少卿，宋真宗景德元年（1004），又知开封府，转光禄卿。陈省华为能集中时间办公事，上奏皇帝请禁宾友相过，让皇亲国戚权贵都别来添麻烦，因他为政认真多劳，其病时宋真宗手诏存问，亲阅方药赐之。

陈省华教子有方，三个儿子均为进士，两个状元，两个拜相，一个为将，这些均与他的家规严格，教子有方有着密切的关系。

据传，陈省华迁家河南新郑（今河南省郑州市新郑市）后，家里有一匹马性情暴躁，人不能驾驭，曾踢伤咬伤多人。一天，他走进马棚，却不见此马，于是责问仆人："那匹马怎么不见了？"仆人说是陈尧咨已把马卖给了一位商人。陈省华马上召来儿子："你是朝中重臣，家里的仆人都不能制服此马，商人还能养它？你这不是在把祸害转嫁于人吗？"他随后命人将马追回，并把买马的钱退还给了商人，同时吩咐仆人将这匹马养到老死，时人对他的贤仁之风称赞不已。

宋真宗景德年间，陈家已是父子高官，满门紫衣，但凡家中来客人，父亲起身迎客时，位居高官的三个儿子均会按家规垂手侍立于父亲身旁，并随时给客人端茶上水。三个朝廷重臣侍立陪客，客人往往惴惴不安，有的甚至手足无措，陈省华却常安慰客人道："大人谈事，小辈伺候，这是人之常情，大可不必在意。"访客对此家风盛赞不已。

陈省华在家中的日常生活里，也是以身作则，同时严格要求后辈，如他让妻子冯氏每天带着儿媳下厨做饭。据传有一次大儿子媳妇对丈夫陈尧叟说："你已是当朝宰相，我还要天天下厨房做饭，怕人笑话，你给爸说说，能否免我厨事？"陈尧叟摇摇头说："我爹要求甚严，我可不敢。"事后大儿媳将此事诉之娘家，其父马尚书（名亮）答应女儿定与亲家商议。一天，马尚书在上朝路上与陈省华并肩而行，遂对他说："亲家，我女儿从小就没下过厨房，你看能否免去她的下厨做饭之事？"陈省华答道："家中由我夫人主厨，她只是打打下手而已，厨事繁杂，她婆婆独自难当，还望见

南充市西山风景区陈氏父子石刻

谅！"马亮听说家中主厨为女儿的婆婆，当时深受感动地说："亲家，恕我不知，小女还烦你多多指教。"

宋真宗景德二年（1005），陈省华授左谏议大夫。次年（1006）因病逝世，终年68岁，追赠太子少师，加封秦国公。其夫人冯氏被赠封燕国夫人，她以节俭为本，严禁诸子奢侈浪费，寿满108岁。

陈省华虽是北宋名人，但其才德品行超凡，其故事一直在世间传闻，值得今人学习传承。他由于政事繁杂，留下的诗文较少，但留在阆中与南部的遗存却很多，如阆中市河溪乡出土有《陈府君墓志铭》。南部县西南黄金镇有积庆院、积庆楼、妙智洞、三元桥、流杯桥，大桥镇有瑞笋堂、金鱼桥、陈翔神道碑、漱玉岩，西水镇有西水文庙、武庙。相传陈省华墓在积庆寺（今南部县黄垭乡），黄金镇积庆寺山下传说有陈省华墓；陈省华母席氏墓在大桥场侧。陈省华和冯夫人墓实际上均在河南省新郑市。

陈尧叟画像

## 状元宰相陈尧叟

宋太宗端拱二年（989），陈尧叟状元及第，授光禄寺丞、直史馆。宋太宗淳化元年（990）四月，与父亲陈省华同任秘书丞，并同受赐绯袍，后又充三司河南东道判官，迁工部员外郎，宋太宗淳化二年（991）任职直史馆。

宋真宗咸平初年（998），陈尧叟任广南西路转运使。广南西路（包括今广西全境、广东的雷州半岛及海南省）是宋初地域最广的一路，治所在桂州（今桂林市）。转运使主管一路财赋，以及考察地方官吏、维持治安、清点刑狱、举贤荐能等事务。

陈尧叟刚到广西时，该地风气尚未开化，迷信成风，巫术盛行。老百姓生病之后，不是用药物进行治疗，而是求神问卜，把希望寄托在神灵和巫师身上。巫师往往也以此欺骗百姓，搜刮钱财。对此，陈尧叟痛心疾首，他既担心百姓的健康与安全，又痛恨巫师的狡诈和贪婪。于是，他以官府的名义发布公告，批驳、揭露巫师的欺诈行为，取缔其在民间的一切活动，宣传生病求巫乃愚昧无知的行为，危害严重。与此同时，他还大力倡导与推广药物治病，采取由官府出钱，招募郎中，深入民间收集常见病的症状，配制汤药，以低价或免费供给贫困家庭饮用，取得了很好的效果，此后看病吃药的人越来越多。

随后，陈尧叟又大力兴建医馆，积极培育医师，以缓解本地百姓就医之困难。他甚至把一些医治的药方编成《集验方》，并将其刻于石碑，又将石碑立于交通要道之地，以便百姓抄录推广。陈尧叟的善政挽救了无数人的性命，赢得时人称赞。他的同科进士杨侃曾就此写诗赞曰：

马困炎天蛮岭路，棹冲秋雾瘴江流。
辛勤为国亲求病，百越中无不治州。

在广南西路任职期间，为改善广西气候火热、山多树少恶劣的自然环境，陈尧叟经多次考察之后，号召各州县广泛开展植树造林活动，在官府和百姓的共同努力下，仅几年时间，广西荒山变绿，草木茂盛，气候条件逐渐变好，洪涝灾害亦渐渐减少。

此外，当时广西许多地方饮水只能靠天下雨，或到河沟取水，生活用水极为困难，陈尧叟拟以打井之法来解决百姓的饮水问题。据传，他带着差役来到一个山湾选址挖井，并引来当地不少人围观，陈尧叟告诉他们说下面有宝藏，人们半信半疑，当开挖有几米

唐宋时期　陈氏四令公

093

深之时，一股泉水从地下冒出。陈尧叟屏退众人，待泉水清澈之后，俯身捧起泉水尝了尝，感觉泉水清洌甘甜，他对大家说："这就是我们要的宝藏，你们以前所用沟中之水，行路较远又不卫生，现在井水既干净又在屋前，实为大喜之事。"此时大家才明白陈尧叟的用意。此后广西各地百姓便开始就近凿井取水，既改善了饮水的质量，又减少了疾病的发生。

当时，宋真宗赵恒要求各地大力种植桑枣等经济作物，而广西的地形、土质不适合种植桑枣，比较适合种植苎麻。陈尧叟出于对民生负责的态度，没有盲目执行，而是上书宋真宗，建议发展经济作物，应当因地制宜，不宜一概而论。赵恒不但没有生气，反而很赞赏他认真负责的态度，同意按当地实际情况办理。当时的广西实为偏远之地，人烟稀少，陈尧叟还命人在驿路旁每隔二三十里就修建凉亭，亭里设有盛茶水的缸、碗、勺和由附近村民轮流供给的茶水，以供行路之人避雨、休息及夏季解暑。

由于陈尧叟在广西任上政绩显著，不久被召调回京城，加刑部员外郎，充任户部度支判官，负责全国财政预算编制、分配等事务。在任期间，他又曾受命前往广南东、西两路，以安抚使身份督导平乱，在广南东路、湖南、河东、河北等地察访、赈灾、安抚、劝农。事毕回京后，他被提拔为主客郎中、枢密直学士，知三班兼银台通进封驳司。他在精简机构、简政放权、裁减冗员等方面的工作也是卓有成效，受到各方充分肯定。

宋真宗咸平四年（1001），陈尧叟升至迁工部侍郎。宋真宗出征澶渊，命陈尧叟先赴北寨按视，此后他又曾先后担任刑部与兵部二侍郎、枢密院知事、东京留守、尚书左丞、经度制置使、河中府判府、户部尚书、河阳县（今河南省孟州市）县令，以及京西转运使迁枢密使、同平章事等职。

宋真宗天禧元年（1017）春，陈尧叟因病呕归京师，四月逝世，谥号文忠，终年57岁。死后葬于河南省新郑市，与父相伴。后

阆中古城三陈府邸

朝廷追赠他为太师，尚书令兼中书令，封英国公。

陈尧叟一生著述颇丰，如《请盟录》3集20卷、《陈文忠公文集》30卷，另著有《圣人不尚贤》《禹拜昌言》《集验方》《时政记》等散文15篇，均已亡佚。现存散文《陈许等州垦田疏》《请官给纸墨写药方散付广西诸州奏》《乞许广西以所种麻苎扦桑枣奏》《谕陕州勿得擅有差役奏》《修治虢州至函谷关道路奏》《请导水入永安县城奏》等18篇。诗歌有《果实》《披云亭》《题义门胡氏华林书院》《送张无梦归天台》《送崇教大师南归》《洞霄宫》《妙智洞》《庚上赐谢病归韵》等9首。

## 进士宰相陈尧佐

陈尧佐出生当年，陈省华正始任西水县县尉，由于他自幼聪慧异常，父亲在教他与年长两岁的哥哥陈尧叟读书时，他往往是对其内容倒背如流。宋太宗端拱元年（988），陈尧佐进士及第，次年

陈尧佐画像

（989）任魏县（今河北省魏县）县尉、中牟县（今河南省中牟县）县尉，曾撰《海喻》一篇，文中表露出了他那惊人的志向。

宋太宗淳化二年（991），陈尧佐以试秘书省校书郎身份知朝邑县（今陕西省大荔县）。当时，其兄陈尧叟出使陕西，曾揭发了宦官方保吉的罪行，方保吉便以事诬陷于他，故而被贬任朝邑县主簿。宋太宗淳化五年（994），他移任下邽县（今陕西省下邽县）主簿。宋太宗至道元年（995），升任秘书郎、真源县（今河南省鹿邑县）知县。宋太宗至道三年（997），又迁太常丞，任开封府（今河南省开封市）司录参军。

宋真宗咸平二年（999），陈尧佐升任开封府推官，他上书指责时弊，直言官场上的不良风气，因触怒宋真宗而被贬为潮州（今广东省潮州市）通判。陈尧佐到潮州后，新修孔庙，选潮民优秀者劝以入学，发展潮州之教育事业，并倡议在孔庙正室东厢建"韩吏部祠"（韩愈曾任吏部侍郎）。他在《招韩文公文》中，极力称赞韩愈"专以孔子之道教民，民悦其教，诵公之言，箴公之文，绵绵焉迨今知学者也"。

咸平三年（1000），陈尧佐权守惠州（今广东省惠州市），时张氏之子与母亲在江中洗澡，鳄鱼尾随且吃掉其儿子，母亲痛苦至极。陈尧佐闻讯后，亦悲伤万分，为避免此类事件再次发生，遂派小吏带人划船持网前去捕捉。鳄鱼虽最为凶暴，但终被强弓硬弩射杀所制服，后被示众街市并烹杀，时人甚感惊异，陈尧佐还曾为此撰写《戮鳄鱼文》。宋真宗咸平四年（1001），他在潮州被召还朝廷，大臣荐其文学才能，他被任命为直史馆。

宋真宗景德元年（1004），陈尧佐任寿州（今安徽省淮南市）知州。寿州位于安徽省中北部，地处长江三角洲腹地，淮河之滨，素有"中州咽喉，江南屏障"之称，是重要的军事重镇，也是历朝兵家必争之地，但寿州又时常发生水灾，寿州人可谓"时时虞水为灾"。

陈尧佐到任寿州时正值阴雨连天，半月不断，洪水围城，茫茫一片，城池变成孤岛。当时，城内万家呼号，饥民遍野，其惨状令人触目惊心，陈尧佐亦痛心疾首，他在没有任何救援物资，连奏章也送不出去的情况下煮粥赈灾。在他的带动下，其他官吏和富裕人家以其为榜样，自愿免费为大家服务，让全城百姓渡过了难关，寿州百姓都称赞他是体恤民生、率先垂范的好官。

宋真宗大中祥符元年（1008），陈尧佐为父亲守孝三年，丁忧服满，判三司都勾院，任两浙转运使。

大中祥符五年（1012）正月乙亥，陈尧佐奏请表彰处州隐士周启明教授子弟百余人之义举。周启明（约954—1025），字昭回，北宋藏书家，其先祖为金陵人，后迁籍处州（今浙江省丽水市）。景德年间（1004—1007），周启明以书谒翰林学士杨亿，杨亿携其书画向各位名士展示，众人均大加赞叹，周启明也因此出名。此间，他举贤良方正科，并在宋真宗东封泰山（1008）时，直言上谏，被视为不祥，其科名被罢免，后回处州，便开始设馆教学，亦不再有仕进之意。当时，跟他学习的弟子多至百人，人称之为"处士"（善于自处，不求闻世之人）。陈尧佐任两浙路转运使时，非常欣赏周启明的人品和才华，故不顾前嫌，上表赞述周启明义行，朝廷遂对周启明网开一面，并赐以粟帛。

同年（1012）六月，陈尧佐奏请赐帛劳问处士林逋。林逋（967—1028），钱塘（今浙江省杭州市）人，从小为孤儿，但他性情恬淡，长大后不愿追逐功名利禄，即使家徒四壁，食不果腹，衣不蔽体，仍安然自若。他喜好古文古事，勤于学习，写文章也不循章法究词句。陈尧佐听说其贤名后，赐给他粟米和布帛，并吩咐地方长官要时予探望。

陈尧佐除了勤于政事、爱惜人才之外，在水利建设方面的成就亦颇丰。大中祥符五年（1012）正月，钱塘江江堤被大潮毁损，江水直逼杭州城。杭州城面临城墙倾覆，百姓涂炭，危急万分。转运使陈尧佐了解情况后，马上向朝廷上了一道奏疏《钱塘江堤事奏》，提出"望遣使自京部埽匠、壕寨赴州葳役"的建议，提出用埽筑堤的方案。"埽"是陈尧佐提出的用来治江护堤的一种器材，一般用树枝、芦苇、秫秸、石头、土块等捆扎而成，即"下薪实土"之法。

以前，钱塘江江堤采用竹笼装上石块垒砌而成，而钱塘江大潮有排山倒海之势，竹笼常常抵挡不住而被冲毁，石块散开而江堤垮塌。陈尧佐为此提出以埽护堤之法，而这方案却不被奸相丁谓采纳。丁谓既不给物资也不派工匠，但陈尧佐并未因此放弃，于是和杭州知州戚纶商议，采用"薪土"易竹石的筑堤之法，最终将钱塘潮水隐患降到最低（中央电视台曾于2022年3月3日报道考古学家在钱塘江江岸发现了陈尧佐当年筑就的堤岸，现今依然十分牢固）。然而，丁谓以政见不合，于大中祥符七年（1014）五月，将陈尧佐调至京西路，将戚纶调往扬州（今江苏省扬州市）。但钱塘江一带百姓却十分感激陈尧佐，专门为他建立祠堂，在祠堂里绘了他的画像，日日加以供奉。

宋真宗天禧三年（1019），陈尧佐的母亲冯氏去世，按照礼制，他丁忧辞职，为母守孝。次年，滑州（今河南省滑县）水患，黄河河道崩毁，朝野一片惊慌，时任三司使李士衡建议真宗皇帝提前结束他的丁忧孝期，免持服，前往滑州治水，全力整治水患。

陈尧佐到滑州后，立即查勘滑州城池及周围环境，采取"木龙杀水法"，以堵滑州黄河缺口。他马上召集官民筹措物资，在黄河

南部县大桥镇三陈祠

边修筑起宽大的防护堤。为了巩固堤防，他又在堤岸两边栽种了柳树，并在水边设置"木龙"，以减轻水浪对河堤的冲击。为纪念陈尧佐的功劳，人们称之为"陈公堤"。在黄河岸修筑大堤的同时，他还将上游旧道重新疏通，以减少黄河的流量，并在滑州城北用埽修筑一道城防，以保护城中居民的安全，使得滑州水患得到根治。

宋仁宗天圣元年（1023），陈尧佐官拜"知制诰"（起草诏令），兼史馆修撰，宋仁宗天圣五年（1027），知开封府（今河南省开封市），拜枢密直学士。宋仁宗天圣七年（1029），他又迁枢密副使，加给事中，当年八月改参知政事（副宰相），宋仁宗明道元年（1032）为礼部侍郎、参知政事。宋仁宗景祐四年（1037）后，陈尧佐先后被授任同中书门下平章事、集贤殿大学士、淮康军节度使、同平章事以及郑州（今河南省郑州市）州判等职。

康定元年（1040），陈尧佐以太子太师致仕。庆历四年十月辛卯（1044年10月26日），陈尧佐去世，享年81岁，谥号"文惠"，追赠司空兼侍中、太师、尚书令兼中书令，封郑国公。陈尧佐墓在河南省新郑市。

陈尧佐工于书法，喜写特大隶书字，因其书法点画肥重，人称"堆墨书"。他一生著述颇丰，奏疏尤多，曾参编《真宗实录》与当朝《国史》。著有文集30余卷，诗歌80余首以及句、文30余篇。

## 状元节度使陈尧咨

宋真宗咸平三年（1000）庚子科，陈尧咨状元及第，授将作监丞（协助将作监处理监务）、通判济州（今山东省巨野县）。宋真宗咸平五年（1002）二月三十日，陈尧咨任秘书省著作郎、直史馆。次年（1003）六月，他上书建议将盐铁、度支、户部三司勾院合并，宋真宗同意并任他为"判三司"（即判盐铁、度支、户部三司勾院）。

陈尧咨画像

宋真宗景德元年（1004），陈尧咨任知制诰，擢右正言。当年六月九日，他奉命到北岳祈雨，七月六日，天果降大雨。

景德三年（1006）四月，他为进士考官，因帮三司使刘师道的弟弟刘几道考试作弊而获罪贬任单州（治今山东省单县）团练副使。宋真宗大中祥符元年（1008），他复任著作郎，知光州（今河南省潢川县）。

当时，陈尧咨喜善射箭，便引以为豪，自称"小由基"（"由基"为先秦楚国中一位"百步而射，百发百中"的善射者）。据传，他仕前曾以钱币为靶，一箭穿孔而过，为官后亦时常以射箭为乐。据欧阳修的《卖油翁》记述，一天，一个卖油翁路过靶场时，看到陈尧咨正在射箭炫技，他放下油担，看了许久，并无赞叹之言，卖油翁的不屑和蔑视让他很纳闷，便问道："汝亦知射乎？吾射不亦精乎？"卖油翁毫不介意地说道："无他，但手熟尔。"陈尧咨不禁愤然道："尔安敢轻吾射术！"卖油翁笑言："以我酌油知之。"只见他慢条斯理地取出一个葫芦放在地上，用一枚铜钱盖住葫芦口，然后从油篓里舀起一瓢油，高高地将油"自钱孔入而钱不湿"。这让陈尧咨惊讶不已，因为他知道这并不比射箭"十中八九"容易，只好笑着打发他走了。

《卖油翁》插画

宋真宗大中祥符三年（1010）后，陈尧咨任右正言、知制诰，知荆南府（治今湖北省枝江县）。

陈尧咨在荆南任知府，任满回家，母亲陈冯氏问他："你在荆南有何政绩？"他对自己的政事简言，却谈起他的箭技之事：荆南来往的官员很多，常有宴会迎客送往，自己也常在宴会中表演射箭，看客无不赞服。其母听后，对他大加训斥："你身为朝廷大臣，应时思尽忠辅国之大事，而以其雕虫小技四处炫耀，岂不辜负父亲生前对你的教诲与期望？"说到此处，母亲便举起拐杖追打于他，连将皇帝赏赐给他的小金鱼佩饰也被打碎。从此事可见，母亲冯氏对儿子管教之严厉。

宋真宗大中祥符五年（1012）十月，陈尧咨任起居舍人，权同判吏部流内铨，政绩比较突出，得到宋真宗赞赏。次年（1013）八月，他又迁集贤院，后为工部郎中、龙图阁直学士，知永兴军府（"永兴军"治京兆府，京兆府即长安，为今陕西省西安市）。

长安自古经济繁荣、交通发达，富商巨贾、官宦之家繁多，故有些纨绔子弟依仗家长权势，常常横行街市，为非作歹。当时，与陈尧咨有交情的李大监之子就依仗父亲权势，为恶长安，历届长官对此无可奈何。

据传有一天，李大监之子来到陈尧咨府上，陈尧咨热情接待并与他聊起家常。陈尧咨问："你父亲和哥哥近年可好？"李大监儿子见陈尧咨与父兄如此亲近，说话便放肆起来，并向陈尧咨提出过分要求。陈尧咨对之好言相劝，他却毫不理会。对此，陈尧咨怒火中烧，怒斥道："你这不孝之人，整天游手好闲，惹是生非。你父亲远居不能管教，地方官又拿你没法，竟让你这般厚颜无耻。"一向横行傲慢的李大监儿子竟被陈尧咨的怒气所镇住，一时不知所措。陈尧咨继续呵斥道："我与你父亲、兄长均为好友，可谓情同手足，今天我要代他们好好教训教训你。"陈尧咨叫人将他绑住并带到厢房，亲手抡起板子狠狠地揍了他一顿。此事后来传出，长安的贵族子弟亦被震惊，此后再没有人在街市胡作非为。

大中祥符八年（1015），陈尧咨知河南府（今河南省洛阳市），后徙邓州（今河南省邓州市），复任知制诰，判登闻检院。

宋真宗天禧二年（1018），陈尧咨被派参阅进士考试的试卷。次年（1019），有人揭发钱惟演对官员考核有所不公，他又被任命参与审查钱惟演之考核实情。同年，他复任龙图阁直学士，知贡举，后降兵部员外郎。

宋真宗天禧四年（1020）之后，陈尧咨迁龙图阁直学士，修尚书省，为关中十一州巡抚使（或作安抚使）。在此期间，他犒官吏将校，访民间利害，察官吏功过。次年（1021），他又知秦州（今甘肃省天水市），加右谏议大夫，后徙同州（今陕西省大荔县）。

宋仁宗天圣四年（1026），陈尧咨以工部侍郎，权知开封府。次年（1027），他以翰林学士兼龙图阁学士，权知开封府（今河南省开封市），为宿州（今江苏省扬州市）观察使，后知天雄军（今河北省大名县）。

宋仁宗天圣八年（1030），陈尧咨以安国军（今河北省邢台市）"节度观察留后"（即代行节度使之职），知郓州（今山东省东平县）。宋仁宗明道元年（1032），陈尧咨赴武胜军（今甘肃省临洮县）代行承宣使之职。次年（1033），拜武信军（今四川省遂宁市）节度使，知河阳（今河南省孟州市）。由河阳徙澶州（河南省濮阳市），再徙天雄军。

宋仁宗景祐元年（1034）三月，陈尧咨逝世，赠太尉，谥康肃，后朝廷追赠太师、尚书令兼中书令，并封崇国公。其墓在今河南省新郑市。

陈尧咨一生有《治本》16篇、《渚宫》上下编等著述，均佚。现存《玉虚洞记》《紫极宫崇饰奏》2篇文章以及《赠贺兰真人》

南部县大桥镇三陈塑像

《普济院》《题三桂亭》《草堂寺诗》《题石牛坪》《四瑞联句诗》《崇德报功》7首诗。陈尧咨喜书法，尤善隶书，现存《皇太子宝》书法1件。

现南充家乡与陈氏三兄弟相关的遗址和遗迹不少，北宋在古城西凤凰山上修有状元坊（牌坊），明成化九年（1473）因建寿王府拆毁，其后明、清曾在现状元街重建状元坊。阆中市东山有南岩（又名书岩、读书岩、台星岩、状元洞），阆中市城东大像山南崖现存紫薇亭、将相堂、捧砚亭、读书摩崖石刻、重修三陈书院记石刻等，并有三陈街、状元街、四元街等街道名称，2000年阆中古城东门建有状元牌坊。南部县大桥镇新井村有陈氏故宅、墓葬、三陈祠、漱玉岩（又叫读书岩，刻有清南部县令李澍手书"漱玉岩"三字）、三瑞笋、金鱼桥、清川北道台黎学锦题"陈母杖击金鱼处"石碑、道子坪、思乡井、妙智洞等遗址和遗迹。

## 【参考文献】

1. 蔡东洲：《宋代阆州陈氏研究》，成都：天地出版社，1999年。

2. 蔡东洲、杨小平校注：《嘉靖保宁府志》，成都：巴蜀书社，2023年。

3. 程瑞钊等：《陈尧佐诗辑佚注析》，成都：巴蜀书社，1991年。

4. 脱脱、阿鲁图：《宋史》，北京：中华书局，1985年。

5. 杨林由：《〈北宋三陈籍贯小考〉辩》，《南充今古》1986年第4期。

6. 政协南部县委员会文化文史和学习委员会：《北宋陈氏四令公史述》，成都：四川民族出版社，2022年。

元明清时期

# 蜀中花木兰：韩娥

宋森林

韩娥（1345—1405），从军后更名韩关保，四川省阆中市木兰镇人。元朝末年，因农民起义不断，加之元朝军队矛盾重重，叛军四起，天下大乱，韩娥伪装成男儿之身进入军队，南征北战，且战功显赫，其事迹一时传遍蜀中大地，被民间誉为"蜀中花木兰"。

元朝至正年间（元惠宗时期），在四川行省保宁府（今阆中市）西北部距阆中城50余里的高干山下，一条从金牛道分支的阆剑古驿道弯弯曲曲地从山下绕过，一路来到了高干山脚下垭口之地的木兰场。在木兰场下面有一条斜沟叫杜家沟，在杜家沟右侧有一道湾叫"韩家湾"，湾里住着一户韩姓人家，哥哥叫韩成，弟弟叫韩立，均为元至正五年（1345）的落魄处士，当时赋闲在家，依仗父亲韩兴译在成都任四川盐运司副使，过着近似于闲云野鹤的日子。

元至正五年农历冬月初八，寒风凛冽中，韩成之妻杜氏生下一女。传说杜氏产前一天偶得一梦，一金甲武士手拿一只彩蝶向她放飞而来，彩蝶在其身上久驻不离，她心中大急，汗水湿透衣衫，醒来方知为南柯一梦，于是韩成便为其女取单名一个"娥"字，即为韩娥。韩娥出世，一家人对其视若掌上明珠，有人见其生相与众不同，称其为"此女日后必有大作为，须当悉心照护，尽力培养"，以至于后来成为《明史》《明太祖实录》《明史实录》《明史考证捃逸》均有记载的女中豪杰"少将军"。

元至正八年（1348）十一月，韩娥3岁失怙（父），7岁丧恃（母）。此时韩娥叔父韩立膝下无子，便主动抚养她，视同己出，韩娥跟随叔父学文化、习武功，练就一身本领。元至正十一年（1351），"红巾军"农民起义爆发。战乱中，为防其女儿之身招惹麻烦，韩立将韩娥女扮男装，改名韩关保，让其每天到高干山、钟鼓楼一带放牛割草，以此度过艰难的时光。

元至正十七年（1357）三月的一天，韩娥正在高干山下驿道旁放牛，一股从南部升钟而来向剑阁方向逃窜的叛军将其掳入军队，至剑阁涂山驻扎时，强迫韩娥给他们当马夫。韩娥从小性格刚烈，但能忍辱负重，她每天晚睡早起，精心侍奉，把匹匹马儿喂得膘肥体壮。

当年冬月，由陕西翻越八百里秦川顺着金牛道阆剑道而下的一支起义军，屯兵驻扎在毗邻涂山的金仙场。因涂山地势险要，易守难攻，他们多次攻打未果。后经观察发现，每天清晨都有一马夫在兵卒的看护下，牵着战马到半坡上放牧，这个马夫便是韩娥。一天，起义军派出一名经验丰富的老兵摸上山，寻得时机与韩娥接触，韩娥遂将整个涂山的地形与叛军驻防情况告诉来人。随后，在韩娥的策应下，趁叛军大小头目喝得酩酊大醉之时，起义军以正面佯攻，后山小道包抄之策破敌，打通了南北交通的咽喉要道。

占领涂山后，起义军表彰奖励了化名韩关保的韩娥，并征召她加入队伍。当时，这支起义军的首领叫罗甲，归属明玉珍（后在重庆自称"陇蜀王"）。罗甲率部一路南下到达思依铺（今阆中思仪镇）后，当众将韩娥收为"义子"，大将军王起岩也对韩娥赞赏有加。由此，韩娥走上了从军打仗的人生道路。

元至正十九年（1359），青巾军将领李喜喜以成都为据点，试图向东拓展生存空间，与明玉珍领导的红巾军数次发生战斗，元将完者都从果州（今四川南充）到成都拜会蜀省平章朗革歹，二人密谋后，决定合兵一处，朗革歹随即率兵进驻果州。为打败李喜喜，明玉珍调兵遣将，以川中蓬溪为基地，在县城以西的明水山修筑了环长两里的明水城，与李喜喜部对垒。韩娥为掩护其女儿之身，在战场上表现得尤为勇敢，她手执一杆梨花枪，腰悬一把鸳鸯剑，骑一匹青骢马，在敌军中左冲右突，青巾军在她枪下丢盔弃甲，望风而逃。在数月的激战中，明玉珍所率红巾军重创青巾军，连克普州、资州、仁寿，逼近成都，李喜喜自知大势已去，率部向江油、平武方向逃窜。

明玉珍击溃李喜喜的青巾军后，率主力班师泸州大本营。随后，徐寿辉（南方红巾军领袖）拜明玉珍为"奉国上将军兵都元帅"，邹兴升为"中万户长"、信武将军，王起岩升为"下万户长"、武节将军。明玉珍晋升罗甲为"中千户弹压"、昭信校尉，韩娥升任"进义校尉"、下把总。

至正二十年（1360）一月，早春寒雨，王起岩率罗甲等部精兵5000人为前锋，从嘉定（今乐山）出发，经青神、眉山、彭山，直逼成都。在这之前一日，韩娥率先遣队攻进广都城（今成都双流区），俘虏达鲁花赤和县尹（县令）以下数百人。在成都南门安乐桥，为抢占先机，韩娥率部突然向守军发起攻击，一举歼灭四川行省都事薛元礼的守桥部队，并牢牢控制了江桥。义父罗甲率部赶到后，韩娥又于当日五更时分，亲率部属悄悄爬上城墙，袭杀守军，打开南门，罗甲率部入城与守军展开巷战，先后控制南门、西门。翌日上午，明玉珍的义弟明三率大军进城，薛元礼的残部从北门杀出重围逃往新都，红巾军攻占成都。

此战中，韩娥居首功，明三提升其为"下千户长"、忠翊校尉，仍归罗甲指挥，罗甲晋升"中千户长"、忠武校尉。韩娥的这次晋升，不仅有了能够自主支配的更大空间，并且为她继续在红巾军中女扮男装创造了更加有利的条件。同年十月，部将拥戴明玉珍在重庆自称"陇蜀王"，辖今重庆市及四川全部，陕西南部、湖北西部、贵州北部等疆域。

至正二十二年（1362），明玉珍派兵先后攻占龙州（今四川江油北）、青川，继后又向北游击，占领顺庆路、保宁府一带。韩娥跟随大部队一路征战川北、川东、川南，大小战役打了50多场。鉴于韩娥招讨有功，明玉珍下令："擢升韩关保为上千户长，武略将军……"如此一来，韩娥级别与义父罗甲平级，在军中引起强烈反响，人人奋勇杀敌。

至正二十四年（1364）正月，刺踏坎战役后，明三将韩娥表现写成奏章启奏陇蜀王。明玉珍对韩娥泸州救驾留有深刻印象，再加上目睹了韩娥在九顶山和涪州攻坚战中身先士卒，勇猛杀敌以及其智勇双全的才能，批准了明三的奏章，韩娥升任"下万户长"，武节将军，正五品，可谓是连升三级。

随后，明三亲率大军征伐云南，韩娥为征南先锋官，其对韩娥道："韩先锋务要逢山开路，遇水搭桥，遇山寇当道，即行追捉；遇元朝政敌，不可擅自开战，限三日起程。"韩娥又一路征战，通过"智取镇雄""鏖战曲靖""进占昆明"，很快便取得了远征云南的辉煌胜利。

明太祖洪武元年（1368），朱元璋登基。韩娥随元帅王起岩赴成都商议军情，在度缘桥与叔父韩立偶遇，叔侄相认，悲恸不已，但她女扮男装12年的军旅生涯却激怒了王起岩，他一气之下按照规定将其投入大牢。其叔父多方营救，义父罗甲也专程从叙南赶赴成都解救，后经成都抚台衙门呈报朝廷，朝廷批准"韩娥贞烈且孝，从军征召有功，无罪释放，准予还乡"，并御封"贞烈"，蜀藩王还亲自召见了韩娥。

此后，韩娥回归女身，叔父韩立夫妇带其回到新都赤岸山山麓，将父亲原购置的几间房屋整理出来。韩娥在这里与原同在军中服役，时已退役的马复宗结为伉俪，后育有一男二女。

明永乐三年（1405），年逾60岁的韩娥在老家阆中木兰为叔父三周年祭祀时，患病而终，葬于钟鼓楼前。她在木兰娘家家族中的何、严二姓为她修建"孝女坊"，墓志铭为"阆中花木兰生殁此，生于高干山下，葬于钟鼓楼前，孝列千古，孰能记焉"。新都韩娥子女亦在赤岸山为她修建了衣冠冢。

在韩娥家乡阆中，为纪念韩娥，将蒙垭庙至老王庙古驿道之间形成的场镇命名为"木兰场"。在场头的高干山上修建了气势恢宏的"木兰庙"，庙宇大殿三层，其周边300米范围内还分别建有"孝女坟""点将台""演军场""钟鼓楼""较场坝""拴马桩"

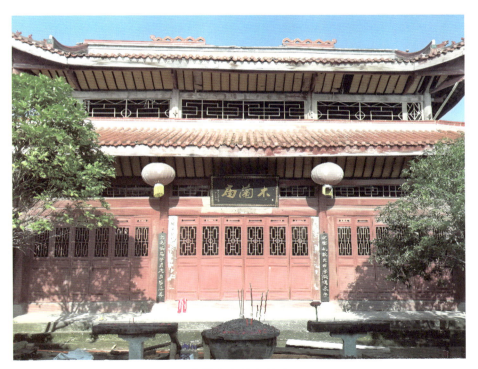

高干山上的木兰庙

等。"文化大革命"期间，庙宇尽毁，2000年，民间恢复修建至今尚存的"木兰庙"。

清康熙四年（1665），在钟鼓楼旁，还兴建有木兰祠，它坐北朝南，是典型的清代建筑风格。

此外，明神宗万历年间，在新都赤岸山山麓始建木兰寺，寺内供奉韩娥，谥号武昭将军。清康熙四年，新都人重建木兰寺，当地群众将赤岸山改名木兰山。1914年，民国新都政府重建木兰殿。1954年，新都木兰村划归新都县木兰乡。现新都每年二月以种子交流会形式开办木兰庙会，庙会人数达10万余人次。

1951年，阆中县将韩娥的家乡改名为"木兰乡"（现为木兰镇）。2015年，木兰镇人民政府申报并将升钟水库木兰段50公里河道浩瀚水域命名为"木兰湖"。

## 【参考文献】

1. 《明史·列传第189》列女一。
2. 《明太祖实录》卷67。
3. 《四川通志》卷43。
4. 《四库全书》卷11。
5. 《明氏实录》卷14。
6. 清道光《新都县志》卷6。
7. 清咸丰《阆中县志》。
8. 《四川南充阆中历史大事记》。

（宋森林，阆中市作家协会副主席）

# 明代父子宰相：陈以勤、陈于陛

金生杨

    **陈以勤**（1511—1586），字逸甫，号松谷，别号青居山人，明武宗正德六年九月二十日（1511年10月11日）出生于顺庆府南充县水西里（今嘉陵区李渡镇阁老坟村）祖宅。**陈于陛**（1544—1597），字符忠，号玉垒山人，为陈以勤长子，嘉靖二十二年十二月十三日（1544年1月30日）出生于翰林院检讨官邸。陈以勤、陈于陛父子相继为相，世所推重，是明朝唯一的父子宰相。他俩为官清廉，忠孝传家，当时在政事及儒学、史学、文学等领域均有重大影响。

嘉陵区李渡镇陈于陛、陈以勤雕塑

## 陈以勤生平及成就

南充二陈据传是出自尧舜之后，始于西周陈胡公（又名陈妫满），封为陈国。陈氏传国10余世，春秋时为楚国所灭，其后裔胡敬仲奔齐。秦置颖川郡，陈氏遂以颖川为郡望，世称颖川陈氏。陈以勤溯其族源，远自蜀汉陈寿，近之宋代三陈，而本之平川陈氏。他说："遥遥我宗，锵锵厥源。汉有著作，杀青立言。宋乃骏发，将相一门。入我皇朝，苗裔益繁。平川跨龙，根株所蟠。"

陈以勤"生颖异"，年幼时不好玩耍，稍长更加竭力问学，"能古文词"。明嘉靖十年（1531）举人，10年后中进士，选庶吉士。嘉靖二十二年（1543）授翰林院检讨。

嘉靖二十八年（1549），太子朱载壑去世，依序当立三子裕王朱载垕为太子，但世宗听信方士"二龙不相见"之说，立裕王、景王为皇位的继承人，并建两邸，不立太子。景王朱载圳为世宗四子，与裕王同岁，仅小一月，其母卢靖妃受世宗宠幸，思谋夺位，朝臣在二王间各有倚重。权相首辅严嵩阴谋立景王为太子，对裕王有所怀疑，曾派子世蕃秘密询问陈以勤及高拱（河南新政人），称："闻殿下有少嫌于家大人，信否？"陈以勤身为裕王讲官，辅导裕王学习经史，庄重地说：皇上命名载垕为裕王，"从后从土，明示承干御宇（统领天下）意"；藩邸讲读官本以二检讨充之，但严嵩奏为讲读官，"裕邸独用一编修，以示崇异"，说明严嵩"将顺圣意，安社稷"。所以，君臣同心，立裕王为太子之意久已确定。裕王在每次听讲时，都尊严嵩为"社稷臣"，绝没有嫌忌之意。严世蕃以此告诉其父，猜忌嫌疑立消。陈以勤在裕王邸任职期间，尽心尽力辅佐裕王，化解严嵩、严世蕃父子的猜疑，成功争取到太子之位。陈以勤在裕王府邸供职9年，辛劳最久，有羽翼功，而深自晦匿，深得裕王注念，手写"忠贞""启发弘多"等语赐之。

嘉靖三十一年（1552），陈以勤任裕王府邸讲读官，"仪度庄伟，音节明鬯，春秋进讲，每当君德治道得失理乱之际，未尝不反复开说"。嘉靖三十五年（1556），陈以勤迁翰林院修撰。嘉靖三十七年，进司经局洗马兼翰林院侍讲学士。嘉靖四十三年（1564），陈以勤迁太常寺卿，领国子祭酒事。嘉靖四十四年升任礼部右侍郎，不久便改左侍郎，次年（1566）兼翰林院学士，掌詹事府事，校《永乐大典》，兼教习庶吉士。今传《永乐大典》本，仍有"重录总校官侍郎臣高拱、学士臣陈以勤"字样。

　　隆庆元年（1567），裕王登基，帝号穆宗。陈以勤以府邸旧臣，并以东宫旧僚奏上《谨始之道以隆圣业疏》，首陈"定志、保位、畏天、法祖、爱民、崇俭、揽权、用人、接下、听言"十事。当年三月，他升任礼部尚书兼文渊阁大学士，入参机务，总裁《世宗实录》，后充任"知经筵"（掌管皇帝经筵之事）。后以《永乐大典》成，他又被加太子太保兼武英殿大学士，其后加少傅兼太子太傅。当时，穆宗对时政沉静寡言，少所裁决，而皇帝身边宠臣也得到不少额外的恩赏，陈以勤对此愤而上《励精修政四事疏》，恳请穆宗亲览章奏，躬亲决事，延见大臣，以法裁制中旨。

　　陈以勤威严立朝，深得大臣之体会。他入阁之初，党争十分激烈，当时徐阶为首辅，而高拱以裕王府旧僚正得到穆宗信用，朝士各有所附，两家门客乘隙交攻，而陈以勤则"中立无所比，亦无私人"。时张居正谋首辅而攻徐阶，徐阶被罢，高拱相继去职，却没有人评议论及于陈以勤。隆庆三年（1569）八月，四川内江人赵贞吉以礼部尚书兼文渊阁大学士入参机务，锐意进取。张居正为谋首相之位，担心赵贞吉相逼，于是引高拱以抗衡。后高拱再入，与赵贞吉相倾轧，张居正又从中煽风点火，致使内阁局面更加混乱。陈以勤与高拱旧为同僚，赵贞吉又是四川老乡，张居正则是他会试所选拔之士，自度不能解其党争纷扰，又担心最终不为诸人所容，于是引疾求罢，未果。

隆庆四年（1570），条例因循守旧之弊渐显，六月十六日，陈以勤再上《披衷献议少裨圣政疏》，提出"慎擢用、酌久任、惩赃吏、广用人、练民兵、重农谷"六事。穆宗称其"所奏深切治理，具见忠猷"。随后他以病老为由，又多次上疏请辞，穆宗挽留不住，遂于当年七月对其加太子太师、吏部尚书而允准辞官归家，并"赐玺书嘉奖，给驿遣行人护行，有司月给廪役，恩礼浓渥，近世罕俪"，陈以勤致仕荣归，曾风光一时。其后宰相高拱被逐出宣武门，自觅牛车以去，后他回想陈氏之荣耀，不得不感慨道："南充，哲人也。"

陈以勤回到南充后，畅游家乡山水名胜，以诗纪胜，热心地方公益事业。万历六年（1578），陈以勤捐俸修缮南宋嘉定时期（1208—1224）的永安桥，改名广恩桥（今南充城区西桥），使之成为"走省府孔道"。

万历七年（1579）二月，陈以勤重修慈云寺，撰《青居慈云寺记》。他游览青居山大佛洞，留下"壁立万仞"石刻及《游灵迹废寺》诗刻，记述青居山寺残佛衰的凄凉景象。后人在青居山侧石上镌刻陈以勤石像，头戴乌纱，身着朝服，手执朝笏，俨然而言，该石像在"文化大革命"中被破坏，但石像暗影仍清晰可见。

万历八年（1580），陈以勤70岁大寿，神宗出尚方绮币，令其子于陛持归以赐，并令御史台、行台使者存问。陈于陛归侍其父，聚集南充耆旧名宿，如太史任瀚、御史王廷等10余人为"高年会"，又以陈以勤雅爱嘉陵江山水与江楼，编集"唐代咏江楼诗"，安排儿童歌咏以助兴，极尽游乐。

在家乡期间，陈以勤还重建金泉山甘露寺文昌殿及观音阁，置金泉书院。他游览家乡名山大川，游历金城山、诸葛寺、隐珠寺、图山寺、东皋寺等地，并题咏有《诸葛怀古》《白山寺》《东皋山歌》《高台山歌》等诗文存世。

陈以勤自奉布衣蔬食，清廉自持。他以方廉诚直，立朝30年，在激烈的党争中坚定不屈，洁身自好，上以结知人主，下孚信于士大夫，言行皆可师法。他以历史名人为鉴，汇其行事，注重体会和践履，主张行其初心，得失勿问，而交必择人，动必引礼，且欲推以绳当世，学以伦纪为大宗，以操修为实地，称"君子之学，心学也"，"必假学以存其心"。他尊重伦纪，操持涵养，对时儒媚世阿谀之风持批判态度，又兼融三教，晚年尤其溺佛，曾多次游访名寺。

万历十四年六月十九日（1586年8月3日），居家16年的陈以勤病卒于嘉湖报恩寺侧别墅，享年76岁。葬栖乐山麓，赠太保，追谥"文端"。

## 陈于陛生平及成就

陈于陛为嘉靖四十年（1561）举人，穆宗隆庆二年（1568）中进士，选庶吉士，隆庆四年（1570）授翰林院编修、实录纂修官，隆庆六年（1572）升修撰。神宗万历五年（1577），以《世宗宝鉴》成，升俸一级，任日讲官，为皇帝讲读经史，因其"讲帷叙劳"，再晋俸一级，升司经局洗马，负责教育太子与掌管书籍。

万历十二年（1584）九月，陈于陛上《议从祀以崇圣道疏》，认为"守仁之学与朱子之学稍有异同"，各有其长，建议"进献章、守仁，以褒宠高明之贤；无遗居仁，以崇植中正之学""令自今有倡为新异之说，轻诋朱学者，必罪之。此非独以右熹，亦所以安守仁也"。后迁任詹事府詹事，又拜为礼部右侍郎，掌詹事府。万历十三年（1585），他主持顺庆乡试，晋侍读学士。万历二十年（1592），他主考会试，改吏部右侍郎，旋升左侍郎，以原官教习庶吉士，次年升礼部尚书兼翰林院学士，仍掌詹事府事。在这期间，他曾多次奏请神宗力行勤政，并提出许多建议，但未被采纳。

陈于陛"家学渊源，宪章淹贯"，对典章制度十分熟悉，他年轻时跟随父亲学习当朝历史，担任史官后又"注心经世，凡往代制典、朝家令甲与名硕所规条，考镜甚详"，撰《史职议三章》，建议修饬史职，据事直书，完善史官制度，参与"实录"的纂修工作，受到张居正史学思想的影响。

万历二十一年（1593）九月，陈于陛上《恭请圣明敕儒臣开书局纂辑本朝正史以垂万世疏》，他认为"前代皆修国史，而本朝独无"，建议朝廷纂修本朝国史。他考察历代史家修史的传统方式，即以纪、表、志、传为正史，认为宋朝离明朝最近，其编修国史的方法最具参考价值。在北宋，既有真宗祥符年间王旦等撰太祖、太宗《两朝国史》，又有仁宗时吕夷简等撰《三朝国史》，开创本朝人修本朝国史的先例。而明朝200多年来，只有实录，没有纂修正史，同时他还发现朝野撰写可备采择的史书有数百种，如果不及时搜集，多年之后，大量的资料必然湮灭无闻，加之名宿旧臣相继老去，史事很难考据。因此，陈于陛恳请神宗早做决定，设局开修国史，使有明一代的经制典章能够完好地保存下来，让那些为国家做出贡献的人能彪炳史册，其事迹能为后人所效法。神宗皇帝采纳了他的奏疏，并于万历二十二年（1594）设立史馆，由首辅王锡爵任总裁，负责编修本朝正史，当年八月正式开修。

在这期间，陈于陛则先后任史馆副总裁、总裁，并专门负责《乐律志》的修纂，纂成《国史乐律志》4卷。范谦称他"因疏请纂修如宋正史。既得请，则日夜编摩钩校，不遗余力，虽既相事日益剧，而公尤拮据而不懈。诸词臣以草呈者亡虑数十家，公必为字栉句沐之，省览日有程（有期限）。或不暇给，辄夜继之，如程乃止，以为常，几欲旦暮藉手，以献天子。然公竟以此恚（极度疲乏）"。

万历二十二年（1594）夏，王锡爵离任，陈于陛兼东阁大学士，入参机务，首上奏疏，提出"接见大臣、采用人才、勤奖外史、清查边饷、储养将才、选择边吏"六事。他上疏直言极谏，称世宗皇帝前期精明图治，奋发有为，而后来社会贪黩成风，边疆战事不断，乃是官吏"倦勤"所致。现在皇帝清静无为，各种职事不加修治，如果还不发愤图强，后果不堪设想。神宗对此"优诏答之，而不能用"，后曾以军政失察为由，过度罢免两都官员30余人，陈于陛又力谏保护。次年（1595），陈于陛改文渊阁，进太子太保，当时各种矛盾激化，明王朝统治日益腐败，他更忧心于政事。

万历二十四年（1596）冬，陈于陛由于去南郊祭祀，感寒疾不治而病逝于任上，终年54岁，受赠太子少保，追谥"文宪"，神宗遣人送归，葬于南充家乡西山桂花坪。

### 二陈著述及南充遗迹

陈以勤著述较多，有《玉堂表奏》6卷，明万历刻本现藏日本尊经阁，又有《陈文端公青居山房稿》16卷、《青居山房诗稿》4卷、《学约》若干卷，但均已散失。陈于陛著有《意见》1卷以及《宝颜堂秘籍》《说郛》《丛书集成初编》等排印本，又有《国史乐律志》4卷、《陈文宪公万卷楼稿》22卷、《万卷楼诗稿》4卷（附《拾遗》），现均失传。

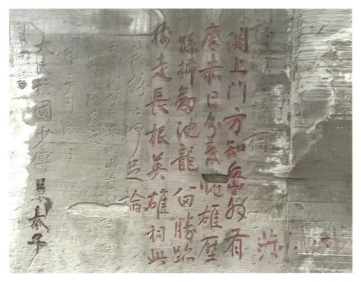

高坪区金城山南门所刻陈以勤《游金城山谒何忠靖公祠》诗碑

此外，明沈朝焕《二陈先生文集序》表明二陈著作有合编本《二陈先生文集》，然未见著录及流传。清黄澄量辑《明文类体》，按类编录陈以勤《陈文端公青居山房稿》《青居山房诗稿》，以及陈于陛《陈文宪公万卷楼稿》《万卷楼诗稿》等，虽然"目录"中题为《二陈先生集》（今保存于浙江图书馆），但实际上所录并非全本。

陈氏家族世代居住于南充，虽经明清易代之变，但仍传续至今。广安市岳池县西板桥陈国莠家藏有清光绪重录道光四年（1824）《陈氏宗谱》旧抄本，清晰记载了陈氏家族的传衍情况。2006年3月19日，在顺庆区栖乐山南麓修敬老院时，发现陈于陛之子陈光譔及其夫人王氏合葬墓，出土了二人合葬墓券石碑，与《陈氏宗谱》的记载适相吻合。清咸丰八年（1858）刻印的阆中《陈氏族谱》中保存了"栖乐山陈氏祖茔图"（陈以勤墓）、桂花坪陈氏祖茔图（陈于陛墓）。嘉陵区李渡镇阁老坟村存有陈氏家族修缮的陈大策、陈母王氏、陈以勋之墓。嘉陵区青居山侧有陈以勤石像、陈以勤《过灵迹废寺》诗碑。高坪区金城山南门有陈以勤《游金城山谒何忠靖公祠》诗碑。高

高坪区高坪镇龙头寺村诸葛寺石壁所刻陈以勤《诸葛寺怀古》诗刻

坪区高坪镇龙头寺村诸葛寺石壁有陈以勤《诸葛寺怀古》诗刻。高坪区龙门街道黑拱桥村东高寺下石岩有陈以勤《东高山歌》诗碑，岳池县团结乡檬子桥村崖壁有陈以勤《游金田寺》诗碑。

现今南充西桥，初建于南宋嘉定年间，原名"永安桥"，明嘉靖时被毁，万历六年（1578）陈以勤筹资修复，两年后竣工，改名为广恩桥。该桥明末被毁，清代乾隆十九年（1754）又有所修复，更名西溪桥。嘉庆十四年（1809），由顺庆知府、南充知县再次募建，更名永安桥。1940年1月4日，刘敦、莫宗江、梁思成三人曾对此桥作过考察，梁思成认为已"非万历原状"。

## 【参考文献】

1．（清）张廷玉等撰：《明史》，中华书局，1974年。

2．（清）黄澄量辑：《明文类体》，浙江图书馆藏稿本。

3．（民国）傅增湘钞：《明蜀中十二家诗钞》，巴蜀书社，1986年。

4．（清）袁凤孙修，陈榕等纂：《（嘉庆）南充县志》，清咸丰七年（1857）增刻本。

5．（民国）李良俊修、王荃善等纂：《（民国）新修南充县志》。

6．〔美〕富路特、房兆楹原主编，李小林、冯金朋主编：《明代名人传》，北京时代华文书局，2015年。

7．李小林：《万历官修本朝正史研究》，南开大学出版社，1999年。

8．钱茂伟：《明代史学的历程》，社会科学文献出版社，2003年。

（金生扬，西华师范大学教授）

# 明代南京兵部尚书：韩士英

### 康大寿

　　**韩士英**（1486—1571），字廷延，号石豀，出生于南充县南路马南沟（今四川南充市嘉陵区世阳镇龙凤山村马兰沟二房湾），祖籍陕西凤州（今属陕西宝鸡市凤县），其官至明代（南京）兵部尚书。

嘉陵区世阳镇韩士英雕塑（梁洪源摄）

据《韩氏宗谱》记载，南宋理宗端平元年（1234），其始祖韩世富自陕西凤州河池县以"行兵都统"入川，后定居于相如县琴台乡竹林里（今南充市高坪区江陵镇韩家堰一带），其子孙"历八世皆仕宦，积谷赈饥，郡人赖之"。后因韩家人丁兴旺，韩士英的爷爷韩荣（1399—1459，字西石）于明初洪武年间遂举家迁居于现今嘉陵区世阳镇马兰沟。父亲韩妙宜（？—1510），初娶妻孙氏生有两子，继娶何氏生有以韩士英为长的6个儿子，前后共有8个儿子。他虽然一生未得功名，但在家抚育儿子，经营农事，也算是后辈可期，家业兴旺。

明宪宗成化二十二年（1486）四月十一日寅时，韩士英出生于马兰沟，因其始祖韩世富最早置业及其墓地均在东路"石子谿"（今高坪区江陵镇双拱桥村韩家堰境内的一条小溪）两旁，为不忘始祖，故号"石谿"。据传，韩士英"生而颖异"，由于自幼受到父母的严格教育，以及中国传统文化的熏陶，故而他孝顺父母，友爱兄弟，且勤学敏思。

明正德五年（1510），韩士英参加乡试，据《明大司农韩公传》记载，当年韩士英曾因其父有病在身，不愿离家远行，原拟放弃考试，但在父亲强命之下不得已而去之。他出发时，顺庆知府早已于道旁邮亭为考生送行，当见其所乘白马，嘲弄道："白马四蹄，一日难行千里路。"韩士英听后应声答曰："黄龙万甲，片时飞上九重天。"知府心中惊喜，已预知"其异日之远大"，果然他当年便顺利地考中举人。同年，其父去世，他遂在家守孝3年。

明正德九年甲戌（1514），韩士英到北京参加会试，考中进士，从此步入仕途，他初任礼部主事，后转户部郎中，又赴江西征管税收。正德十四年（1519），明太祖朱元璋五世孙宁王朱宸濠在南昌准备发动兵变，当时宁王内结中贵，外布爪牙，群吏或奔走其下或私下与之勾结，但韩士英却"守正不屈"，其正直诚信之大节令朱宸濠深为佩服，故而不忍加害于他。

嘉靖初年，韩士英以南京户部郎中调任岳阳太守、岳常道（辖岳州与常德二府）副使等职，其"温雅有度，政明恕重，创郡堂，修岳阳楼，咸不扰于民"，并"弭盗赈饥，屡有异政"。

嘉靖七年（1528），韩士英转任贵州按察副使，参与平定"芒部之乱"，次年又兵备位于川贵之交的重镇毕节。由于毕节城内水源不多，官民用水较为困难，韩士英遂决定在通津门（又名"水东门"，位于毕节古城东面的"倒天河"西岸）修建月城，凿池其中，引水入城，平时既可济百姓生活之用，战时又能免军队"恐水"之忧；同时还将砖城改筑石城墙，加修城楼，高约5尺，为"芒部之乱"的平定起到了重要作用。月城经毕节官民的合力修成后，韩士英曾在《通津门月城记》一文中这样写道：

> 天下事不惩则不为，不断则不成。斯举也，其弗由此矣乎，方其成平无虞，利之无庸，及至阻兵塞城，恃以不恐水之功，于是为大旷于往昔，创自今兹，以承惠于后人，大中臣之功岂可忘哉。

嘉靖十二年（1533），韩士英升任贵州按察使，后又转任云南左布政使，在此期间他尽忠职守，得到两省官民的普遍赞誉。

嘉靖十八年（1539）十一月，韩士英由云南左布政使转为都察院右副都御史，并以此职巡抚贵州，兼督湖北、川东提督军务。在此期间，贵州松桃县与湖南凤凰县交界的腊余山（即现"腊尔山"）有苗民聚众造反，韩士英与湖广巡抚奉命征剿。为尽量减少百姓损失与苗民的伤亡，他认真调查并与多方协调，最后"止获从贼数辈，乃即张皇功"，使得此次苗民"啸聚"得以平息。

嘉靖二十年（1541）九月，韩士英升任工部右侍郎，当时他正在巡抚贵州。嘉靖二十一年（1542），他从贵州赴京途中经过家乡，留居时因见母亲年高体健，甚至有时晚饭之后还须加餐，始而

"沾沾然喜，终而迁延不忍行"。母亲见状，遂对其言："兹王命也，尔急去，毋念我。"于是他才勉强上路赴京，然而当他还未上任，其母何氏便于当年七月初八日去世（享年85岁），遂又返家丁忧守孝。

韩士英的母亲何氏（1457—1542）出身南充何氏望族之家，其父曾任过蕲州（现湖北省蕲春县境内）州判，她为之次女。据其《墓志铭》中记载，她平生"端庄贞静，不妄语笑，孝友恭顺"，治家"俭而有法"，对童仆"严而有恩"，其"天性乐施，与有当给者虽费不计也"，父母兄弟对她"爱而重之"，因而，她被当时皇帝先后诰封为"太宜人"、太恭人、一品夫人等。何氏死后，其墓地建在南充县南路马南沟斯栗坡（今嘉陵区世阳镇马兰沟村龙山下沟斯栗坡牌坊林）。

韩士英在南充"丁忧守孝"之时，正值游牧于北方蒙古地区的鞑靼、瓦剌各部相互征战并不时出兵漠北，对明朝北疆构成严重威胁。嘉靖二十三年（1544），朝廷续令催促，他丁忧元满期则又立即奉召赴京，时在家赋闲的太史任瀚甚为感动，在他行前赠其诗云：

> 汉家宫阙近蓬莱，卿月光辉接上台。
> 韩范威名三殿著，西南节钺五溪回。
> 司空暂借新恩重，密勿兼咨后命催。
> 最是疆陲多难日，好筹中帑罢楼台。

嘉靖二十四年（1545）四月，韩士英以工部右侍郎转为南京户部右侍郎。嘉靖二十六年（1547），他再任工部右侍郎，然闰九月十九日则又改为户部右侍郎，同年十一月升为户部左侍郎兼都察院右副都御史，总督漕运兼巡抚凤阳。

嘉靖二十七年（1548）二月，韩士英改任南京户部尚书。嘉靖二十八年（1549），蒙古鞑靼首领俺答汗因要求和明朝互市一直遭到拒绝，与明朝矛盾不断加剧，遂疯狂入塞侵掠。韩士英奉命"督师"，有力地保障了北方作战军队马匹、粮草及其他后勤物资的供给，受到嘉靖帝的嘉奖。

嘉靖二十九年（1550），北疆战事不断，东南海疆盗匪流寇又起，为巩固陪都南京，故而朝廷于当年三月将韩士英由南京户部尚书改任南京兵部尚书，此后他积极择将训兵，惩治匪寇，使得"陪京巩固"，有力地支持了后来朝廷与俺答汗在北京城下的和谈。同时，他为解民力之累与百姓之苦，不仅着力实施"涤蠹减租"，还上书（北京）兵部，"条陈马改"，建议合理配备南京诸营马匹及其费用，并得到兵部批复。他所采取的这些举措，受到当时社会各方的肯定与赞扬。

韩士英在南京兵部尚书职上，虽德高望重，但却待人谦和。有一天，韩家人掘地，一生员路过跌倒，其便望门咆哮，韩士英得知后特请进该生并致歉意，致使其羞愧而退，从此"平恕化人，至今里中传为美谈"。

嘉靖三十一年（1552）五月，韩士英由南京兵部尚书改任（北京）户部尚书，但在六月又因南京科道官弹劾而被朝廷罢免，当时他并未到任，其后便被朝廷免去实职仅保留其品级，即所谓的"冠带闲住"，然他仍不时参与公务。

嘉靖三十四年（1555），韩士英年近70岁，遂多次上奏朝廷，请求告老归乡，然"屡疏不允"，直到次年（1556）盛夏，当他行至河北河间府境内时才得到谕旨恩准。其欣喜之余，遂赋诗一首：

伏天冒雨至河间，忽报君恩赐我闲。
三十年来真忝窃，八千里外久思还。
庙廊自有人筹国，草野何嫌我在山。
鹿梦假真都莫问，鸿泥南北有谁攀。

嘉靖三十七年（1558），72岁的韩士英返回南充老家。居家期间，他“揭训于庭，约束子弟僮仆早完国课，勿与外事”，为此他特写下家联：

朝廷放归，誓不管闲事，内外亲朋请勿开口；
家庭宜静，须早完公务，弟男子侄各当体心。

他虽赋闲在家，但却仍常坐图籍之中，忙于校雠典籍，著书立说，偶尔也与乡友后辈“诗话往来，徜徉山水，享泉石之安”，以拥晚年之乐，如他在《登小方山》（小方山又名“乳泉山”，在今南充嘉陵区境内）诗中所写的那样：

援萝直上小方石，乾坤池水流高滴。
环视烽烟叠千万，坐对仙岭仅咫尺。
春风此时内醒酒，客子何人解吹笛。
夕阳古道联镳归，明日西山已陈迹。

对此，同乡好友任瀚在《石谿韩公七十寿序》文中，对他40余年的为国辛劳与归家后的“隽逸万态”赞叹不已：

自公起家南省，至为郡将、殿中丞、司马、司徒，奔走迁播，辛苦簿书史事，垂四十年，乃得投老休暇。然且日煦煦坐图籍中，冥搜远讨，上薄黄虞坟穗，下及野史稗官琐说。……韩公两朝旧学，晓时事，天子将下公礼，数受书决疑，如汉庭老儒生，声名流千万岁不朽，何寿命可限量焉。

隆庆三年（1569）正月，韩士英被明穆宗赠封为太子少保。隆庆五年辛未九月十二日（1571年9月20日）辰时，韩士英病逝家中，与其夫人王氏（诰封一品夫人）合葬于南充县治西30余里的杉树坝金紫山，即今嘉陵区天星乡圈角湾村二社杉树坝东岭堡，享年85周岁。

　　韩士英生有四子，长子韩伯因祖父有功被朝廷授予内阁中书、又曾任贵州都匀府知府，其余三子皆为京官；有孙韩九式等8人，他们在国学的各个方面均有所造诣；有曾孙韩荆、韩芳等16人，韩芳曾任祁州（今河北省保定市安国市）知州。

　　韩士英一生曾写有不少诗文楹联，但其大多散失，存世极少。纵观他的一生，他在家以孝为先，为官以民为本，对国精忠尽职，一生清正廉洁，不仅为当朝官民称颂，且亦令后代国人景仰。

　　2017年6月，韩士英故里所在的嘉陵区世阳镇人民政府，依托韩士英的重要历史影响与当地浓郁的民俗文化，成功申报了"四川省第一批特色乡镇"。当年，韩氏族人为了怀念先贤，学习与传承他的优良品格，在其故里南充马兰沟村原址重新修建了韩氏宗祠。

马兰沟村韩氏宗祠（文磊摄）

**【参考文献】**

1. 《韩氏宗谱》"世系纪要"，清嘉庆九年甲子（1804）刻本。

2. 《南充县志》，清嘉庆癸酉（1813）版。

3. 〔明〕钟崇文：《（隆庆）岳州府志》卷13，明隆庆刻本。

4. 〔明〕过庭训：《本朝分省人物考》卷108，明天启刻本。

5. 〔明〕雷礼：《国朝列卿纪》卷114，明万历徐鉴刻本。

6. 《明世宗实录》，卷272、卷328、卷386。

7. 《江苏省通志稿大事记》第33卷，明嘉靖二年、嘉靖二十六年。

8. 清光绪《毕节县志》，卷十艺文记，第9—11页。

（康大寿，西华师范大学教授）

# 明嘉靖才子：任瀚

金生杨

**任瀚**（1502—1592），字少海，号忠斋，又号五岳山人、霞父、鸿蒙处士、岷峨樵父、愚淘父、巢虚子、钓台叟、青城季子，人称固陵先生。任瀚位列"西蜀四大家""嘉靖八才子"之中，是明代著名学者，他在政治、思想、文学、教育上成就显著，其弟子众多，学术传衍不绝。

任瀚画像

明弘治十四年辛酉十二月初八日（1502年1月16日），任瀚出生于南充城郊任家沟（今顺庆区新建镇父子桥村境内），后迁居南充市大北街狮子坝故庐，娶处士花冈之女（封宜人）。任瀚门人花端明，为其岳父家人。又有南充人花向春，质朴端重，学问宏博，每接谈如探渊海，为任瀚之好友。

嘉靖元年（1522），任瀚中举，嘉靖八年（1529）以第二甲第三名赐进士出身，授吏部主事，历任吏部文选清吏司主事、员外郎、稽勋司署郎中事，屡迁吏部考功清吏司郎中。嘉靖十八年（1539），被改任左春坊左司直兼翰林院检讨，他引疾请归因不批复，复引还任。

嘉靖十九年（1540），任瀚因得罪权臣夏言，为给事中周采所弹劾，被诏革为民，时年刚过40岁。嘉靖二十七年（1548），夏言被戮，任瀚"函辞数千里，使人投鄱湖水上吊之"，他亦因此遇赦复官，但他辞去该职，仍留故里，后虽经隆庆六年（1572）四川巡抚刘斯洁、万历元年（1573）四川巡抚曾省吾先后疏荐，朝廷"但优旨报闻而已"，他独居林下50余年。

万历十九年辛卯十二月初八日（1592年1月22日），任瀚卒。费密《任瀚传》、张廷玉《明史》皆称任瀚"年九十三"而卒，乃据其下葬时间而言。任瀚死后葬于栖乐山（现南充市西山风景区内）。

任瀚墓　　　　　　　　任瀚墓志碑及拓片（南充市顺庆区文管所藏）

任瀚有子二人：长子元康，领嘉靖十六年（1537）乡荐举人，隆庆二年（1568）任大名府清丰县知县，后又曾任荥阳县知县、巩昌府知府等职；次子元爽，领万历岁贡，任湖广夷陵州训导，署监利、长阳两县县丞。有女二人：长女嫁射洪县国学生刘与可，次女许配南部县李延昌之子时达为妻，任瀚有《哭亡女文》记其事。任瀚有甥杜翼所，官至给事中，他丁忧归家时，曾作《与杜甥行人劝学书》以勉励。任瀚废罢时，杜翼所激于义愤，欲为之上疏辩冤，为任瀚所阻而罢。杜翼所早逝，任瀚作《寄亡甥杜谏议》，以抒其怀。

任瀚学重事功，一心建功立业，以忠报主，至老不忘修齐治平之道。他"少有用世之志""读戎书，窃长老之传，将以筹边报主"，一生注重军事，撰《平蛮碑》《三司马祠堂记》《雪山三镇平羌记》等多篇文字，记录当时朝廷平定西南夷的军事活动。在《己丑廷试策》中，任瀚有感于"千古人臣献款摅忠之一遇"，竭其所虑，尽忠献言，提出以仁、智、敬治天下的思想，认为治理天下，帝王应该行仁与智，而敬以终之，称"圣王保天下之道存乎仁，而其行仁之道存乎智，其合智与仁而成之之道存乎敬"。嘉靖帝御批其策："勉吾求敬一之为主，忠哉！"万历十四年（1586），周光镐往平建越彝，先后急切地请教任瀚军事谋略，得成其功。任瀚还曾研讨天文、占算，以为"天之文日覆乎其上，而儒不知，可耻也"，因"访诸灵台五官氏"而有所得。嘉靖十四年（1535），任瀚主持会试，"分校礼闱"，拟作《乙未会试策》，大谈天文学源流变迁。任瀚迁任翰林院检讨，更"校书台观，灵文宝谶，雠讲略遍"。

任瀚为人正直，为官清廉，不逢迎权贵，不贪赃枉法。他任职吏部十年，以"清修方正"著闻，"骨鲠自持，不与权贵人通关节"。他自称："在吏部十年来，绝无分寸补益，唯一意守官，无顾忌，不与权贵人通关节，得罪当世，以为莫可原赦。"他特别反感权贵的请托，称自己"少年时负气任侠，不自贬损，长宜狷急无器度，少所诎下"，对于"今时士大夫遇权贵人，息累累不敢出入。颐指气使，则颡加膝而应。所不得见，虽暮夜必束带叩阍，务求望见权贵人颜色，伺候其喜怒，以保无恐"，托以"疏懒"，而"不能强起效之"。在吏部，经"其考察去者，多势力门下人，或尝先事以姓名相请托者，一切皆罢去不问，以故权门多按剑疾之如仇"。在日常交往中，任瀚也注重人品的正直无私，"操持砥砺，其交游必类己者，于浮沉巧宦，削觚而圆转，坦外而深中，阿随人意，颉颃以取世资者，相疾视如仇"。任瀚的刚正无私，深得嘉靖皇帝的器重，史称"鱼水投合，近古罕遘"。但不幸的是，他最终还是得罪权臣，被诏革为民。在回归家乡之后，"居林下五十余年，未尝通谒时贵"。终其一生，他"忧时悼俗，愤顽嫉邪"，"生不媚世以取用，没亦不以文媚人"。

任瀚学凡三变，融贯儒释道，兼擅文史哲，而以儒学为要。后学罗为赓称："明任少海先生当嘉（靖）、隆（庆）间，与赵文肃公（贞吉）齐名。先生颖异夙成，然学亦经三变而后抵于醇：其始以辞章自雄；后入青城，遇异人授以鸿宝修炼诀，即参少室大意，遂留心佛、道两家；居官翰林，及与邹守益辈相往复，从王氏门人得阳明的旨，始复一意圣贤之学。"

任瀚十年内三议馆职，晚以太史自命，长于文史。他诗文俱佳，初仕时便与唐顺之、陈束、李开先等"肆力为诗文"，与熊过、王慎中等人"相切劘为诗古文""咸相与综理文艺，启发微言，一朝大振"，故与唐顺之、王慎中、陈束、熊过、李开先、赵时春、吕高等人合称"嘉靖八才子"，又与熊过、赵贞吉、杨慎并称"西蜀四大家"。任瀚的诗作"音节抗朗，在嘉靖八子中自为一派，与前后七子略近"，属于"嘉靖初为初唐者"。高叔嗣称其"雍容谦和，声华益远，制行以周、孔为师，陈词与《诗》《书》比轨，不激而高，不刻而工，治世之音于斯以备，明王之佐舍是焉

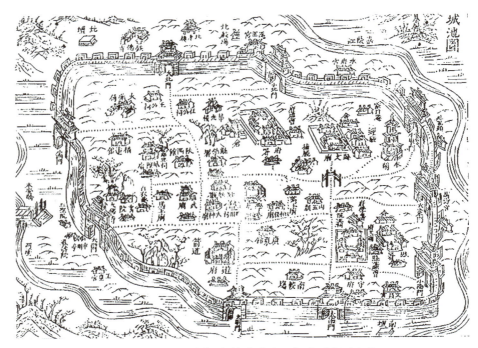

《（嘉庆）南充县志》卷首《城池图》有"任公祠"

适"。任瀚"工于文，尤善自秘，海内慕其文者接踵于路""其为古文亦高简踔厉，有西汉风"。王振奇称任瀚文集"殷殷脉脉，侃侃谔谔，峭直孤贵"。陈文烛则称任瀚《张愈光诗序》"其言雄浑有力，在先秦、两汉之间"，又称其论文"自司马子长之后，独取韩昌黎有气力，昭代尚无柳柳州"，以"传后世"相期。罢归后，他"时从幽人文士徜徉山水，摛藻铸辞，益工益富，忧愤之情，浸为恬夷"。

任瀚在文学理论上也颇有建树。他"常思尽搜海内诸名家诗，取次编题，以供石渠一代艺文骚雅之选"，而自诩"于汉魏以后千百载，体裁风格，颇能一见了了，如浮丘相鹤，九方皋相马，毛骨立辨"，至今还完整地保存有他关于孙应鳌诗文集的批评。他明确提出，"文章无古今，安有时代"，反对"体以代变""格以代降"之说。他重视事功，认为文学应有为而发，诗贵"泽于道""文章无骨不经世""若徒以诗名代，而无泽于道，即能奔走汉魏，而称雄于李唐诸大家之前，知笃行君子不以为得也"。

对于诗文，任瀚颇持一独特之看法，他以为诗文无益于修养，"人嘘气成声（指口头语言），声之精者为诗（即书面语言），人岂诗所能使为圣贤君子者哉"。所以诗文是声之精华，能在一定程度上反映人的道德修养，但诗文本身却不能使诗人成为有道德修养的圣贤君子。他甚至认为艺文有害于性命，称"天下艺文之学，亏神气，伐性命者，莫毒乎诗"，要将心思用于功名、大道上，以为"丈夫生世，不患不能树勋立名，患不闻道，诗胡以为哉"。显然，他这样的思想有着强烈的理学情结在里面，大概是受到程颐"作文害道""为文亦玩物"的影响，认为这同样属于"玩物丧志"。

任瀚的儒学思想主要源自王门，大体近于王学修正派邹守益、欧阳野的思想，但又受到吕柟、湛若水等的影响，并与杨慎、李元阳等过从甚密。在仕宦期间，任瀚"曾游姚江之门"，与邹守益、欧阳德、唐顺之、罗洪先等往复论学，与南中王门薛应旂更有师徒之分，而东林之学实导源于薛氏。罢归后，任瀚"益反求六经，阐明圣学。晚尤潜心于《易》，深有所得"。任瀚远溯陈抟、邵雍，阐发圆中之学，探寻《易》之统绪，发明《易》道。罗洪先以为"往圣继天立极，所以成变化而行鬼神者，其精蕴在《易》，其费隐在《中庸》"，任瀚"居剑南，墨然愚，嗫然讷，将无庶几其有闻乎"，劝弟子胡直往而问之。蔡汝楠邀约任瀚作图四幅并赋诗，赵贞吉、胡直与之往复讨论。杨慎、李元阳的门人吴懋来顺庆府任通判，任瀚"暇日"为之"著《易通小说》相印可"。吴懋"不惟直下承当，且为磨崖刻石西山，以示赏鉴"。任瀚以为"灵关原有著书人""一点灵明真更真"，"以诚意、慎独为堤防，以穷理尽性至命为彼岸，阖家国天下以成其身，合内圣外王以成其学为结局"，批评"今世论学者，一切从念头起处着力，而不及事功"，认为"善学者,且须以事功观圣贤,然后圣贤之学可考而知也"。任公祠有任瀚遗联称"修身齐家而治国,存心养性以事天",反映了任瀚合内外、同物我、并身心家国天下为一的思想。就境界而论,任瀚认为"大丈夫处心当如青天白日,应事当如流水行云",以为"前辈得力处正在此"。

任瀚既有强烈的事功思想,又有浓郁的归隐意识。他"少怀用世志,百家二氏之书,罔不搜讨",与富顺熊过皆以深精道教修炼知名,以至"蜀人谈玄怪者皆本任氏(瀚)、熊氏(过)"。在入仕期间,任瀚受世宗宠渥,尝"蒙恩趋侍玄极殿"。玄极殿与雨花阁、宝华殿同称"玄宫三大殿",是明世宗朱厚熜供奉道教三清诸神,与众道士打坐修道,导引吐纳,崇通道教的地方。世宗好长生术,于内殿设斋醮,"词臣以青词结主知"。任瀚曾为两庠诸生求取功名而作《文昌宫为两庠诸生保举醮疏》,又称《保举疏》《祈文昌文》,是流行较广的一篇醮疏文字。

任瀚的好道之名甚至远胜于其他。他在任职吏部时,因时政的不堪,就曾急切于归隐,所谓"疏野情性,不堪吏职,积怀沉郁,违己交病"。他曾多次以病请辞,归隐后又时常寻医访药,云游四方,以至于隐居后拜望者多为其道学而来。他曾岁暮采药,经行普州(今安岳)道中,有感于陈抟,赞叹其易学,又曾题陈抟睡像,讨论其睡法,还曾作诗送华阳陈炼师。任瀚沉醉于佛、道二教,自称:"某尝抱琴出关游黄叶寺,坐听梵塔风铃,如闻天乐,持斗酒相劳,三日不能归。又尝欲挂冠宣武门,浮海上寻安期生,是其所短,而时人未之知也。"他游历各地,"半生足迹所到,如咸阳毕郢之原、襄樊大堤之阿,昔从先皇巡谒陵寝,未暇究论,只自还山后,涉越江淮河洛,历览名山故都"。

归隐后的任瀚,似若神仙,为人所艳羡和崇敬。陈文烛初"访任先生于青居钓台,先生年近百龄,耳目聪明,肌肤若冰雪,绰约若处子"。李元阳赞其"望比琼瑶洁,身甘麋鹿群",称其"修仙弃朱绂，十载不相闻"。蔡汝楠专门来访，称其"坐转金丹不老身，水晶宫里驻芳春。谁言学士焚鱼早，还道青山不负人"。赵贞吉读任瀚《河关留著集》，叹其"逸哉，其老氏之流风乎"。王渐逵读其《菖蒲传》，发愿"好将少海菖蒲诀，为向罗浮刻石经"。周光镐则批评任瀚"述作多秘"，认为"尊生业成乃阅人间世"，不然"后无来者，英雄欺人耳"。

万历十四年（1586）秋，建越巂叛，周光镐由顺庆府知府迁四川按察副使、建昌兵备道，领征南军监军事，"每于剑南入邛筰者，则首询丈人动定。云霞居丹室，即不奉颜色，然谂其仙仙无恙也，则不佞喜。顾寤寐思之，知丈人澄神玄默，餐采芝霞，虽容裔尘寰，若赤斧山图者，旦暮遇之"。军务紧迫，瞬息万变，间不容发，他为此急切难耐，请求云游无定所的任瀚授以长策："不佞以犄角再出师，每以持重相左，尚未知税驾何如，丈人何与人间事。然宁无素书鸿术，可以指授孺子为长往计者？望之望之！会郡史还，敬附以候，敢布腹心。"

任瀚重视教育，将之视为成就子弟人生的不朽大事。他说："桃李不言，其下成蹊。陈抟、种放不出终南、少室，海内望之如

读易洞又称"栖霞洞"，洞内塑有任瀚塑像

神。濂溪（周敦颐）为主簿，明道（程颢）为条例司，王公大夫皆师宗之"，"取诸文翁之化蜀，安定（胡瑗）之化苏湖，自可不朽"；如果宦海不如意，无法致君尧舜，就应"聚里中少年，讲论心学，明先王之道，成就良子弟，为国家用"。任瀚"性方严，耄勤不倦，因人造就，谆谆诱迪"，但"不事标榜，期于实践"，陈以勤"建金泉书院，延之讲学，亦坚辞之"，而成就弟子众多，"从公学者甚众，李竹、张鉴、陈于陛、王续之、杜翼所、文衡、李益、索俊、杨文举、黄辉、罗仲元兄弟皆出其门"。其中，陈于陛、黄辉尤为知名，而罗仲元后人罗为赓于清初传其学而阐扬之。

任瀚一生著述很多，但世所流传者甚少。明代王兆云在其《皇明词林人物考》中称他"有文名，但僻在蜀都，流布甚少，往往见之，虽只字片言，亦可占知其为凤毛麟角矣。尤长于对联，动辄

位于市北湖公园内的任瀚雕塑

数十字，皆雄壮铿锵，为士林所诵"。任瀚所著《吏部集》《考功集》《任宫坊集》《五岳集》《钓台集》《河关留著集》《任诗逸草》《海鹤云巢对联》《任文钞略》《忠斋集》《忠斋稿》《忠斋诗》今皆散失。现所存者有《春坊集》2卷、《任文逸稿》6卷、《任少海先生文集》1卷、《任少海集》1卷、《任司直文钞》2卷、《任司直诗钞》1卷，以及任瀚批评《孙山甫督学集》8卷。此外，清代费经虞辑《剑阁芳华集》《蜀诗》，傅增湘辑抄明代曹学佺《石仓十二代诗选》而成的《明蜀中十二家诗钞》，以及《（康熙）顺庆府志》《（嘉庆）南充县志》《（民国）新修南充县志》等较为集中地选录了任瀚诗文，而他书散见者相对较少，但辑录实属不易。

　　任瀚长期生活于家乡南充，留下不少遗迹，但现存的仅有西山上的任瀚墓、读易洞及《读易记》石刻，南充市顺庆区文管所藏有任瀚墓出土的墓志碑石。任瀚有不少在南充题写的长联、吟咏名胜的诗文，但未发现原始题刻。清嘉庆修《南充县志》，于卷首《城池图》中画有"任公祠"，惜今亦无存。

【参考文献】

1. 袁凤孙修、陈榕等纂：《（嘉庆）南充县志》，清嘉庆间刻本。

2. 李良俊修，王荃善等纂：《（民国）新修南充县志》，《中国地方志集成·巴蜀府县志辑》第55册，成都：巴蜀书社，1992年。

3. 金生杨校注：《任瀚集校注》，巴蜀书社，2024年。

4. 金生杨：《南充任瀚易学考论》，舒大刚主编《儒藏论坛》第七辑，成都：四川大学出版社，2014年。

5. 金生杨：《任瀚著述新考》，蜀学研究中心主办《蜀学》第九辑，成都：巴蜀书社，2015年。

# "诗书双绝"：黄辉

金生杨

黄辉（1555—1612），字平倩，又字昭素，号慎轩、铁庵，又号慎轩居士、石纽居士，法名幻如、无诤，明代四川顺庆府南充县人，明后期蜀学的重要代表人物，在明代政治、儒学、宗教、文学等方面具有重要的历史地位，尤以诗文与书法闻名于时，号称"诗书双绝"。

黄辉画像

## 一、黄辉的生平

据《万历十七年己丑科进士履历便览》载，黄辉出生于嘉靖四十一年壬戌三月初九日（1562年4月12日），这其实是"官年"（指其报官府的年龄，即档案年龄，大多并非"实年"）。综合黄辉《征土录序》《三游稿小序》《采木记》《与潘雪松别言》《张正学墓志铭》等多篇文章来看，黄辉实际出生于西充县扶君寨黄家沟（现西充县多扶镇黄家沟村），时间为嘉靖三十四年（1555）。

挂在黄辉故居的"父子承恩"匾额（张亚斌摄）

　　黄辉先世由楚迁蜀，自太高祖黄廷珍以来，历世居住在南充县搬罾溪北九里黄村宫（今搬罾镇凉水井村一组），其祖茔也在此地。黄氏先世不仕，而家道颇富，曾祖黄铣为庠生（秀才）。祖黄田，号西原公，娶罗氏、徐氏，家业中衰，贫而好施。父黄子元（1527—1609），号春亭公，娶范氏。嘉靖三十七年（1558）中举人，三上礼部会试不第，万历初任通渭县（今属甘肃定西市）知县，改溆浦县（今属湖南通化市）教谕，升天津府同知，转河间府同知，升秦府右长史。后以子贵，累封侍读学士、按察使。黄子元宅在西充县扶君场南4里。

　　黄辉母亲范新（1531—1577），乃嘉靖十九年（1540）四川乡试解元范希正之女，年少熟读《内则》《孝经》，精信因果，仁爱利物，守孝道，对黄辉影响很大，母子感情深厚。范氏死后初葬西山桂花坪北，后改葬谯贤村西北冈。

　　黄辉兄弟五人：长兄黄光，字大卿，庠生，娶赵氏，有子、女各二人；二弟黄耀（？—1609），贡为太学生，娶张氏，雅负才名，曾重修普济桥（黄辉为此作《重修普济桥碑序》），于万历三十七年（1609）去世，其父黄子元为此神伤而逝，黄辉也因此痛心不已；三弟黄炜，字昭质，号缜轩，万历二十年（1592）壬辰科进士，历任户部主事、兵部员外郎、丁酉科福建主试官、兵部郎中、河南汝南道右参议、陕西参议、陕西左参政、河南按察使、山东按察使等职，娶王氏，继娶江氏，为官期间禁诘奸宄，为当地人所爱戴，有女六人；四弟黄爔（？—1589），县庠生，举人，娶韩氏。此外，黄辉有姊妹一人，嫁吏科给事中杨文举，有子、女各一。

南充黄氏入蜀后，祖黄田时家道中衰，父黄子元中举之前家境已"赤贫"，母范氏以缝纫贴补家用，甚至须变卖自己的首饰以换薪火，后因返葬黄辉奶奶徐氏，其家境更贫，不得已将数间偏东祖屋售人，而仅以西偏房自居，其后全家又西迁到西充县扶君寨，而《黄氏家谱》也长期藏于此宅。后来，黄辉与二弟黄耀又迁居到走马场南五里普济桥南岸螺溪河畔黄家坝（今高坪区走马镇和兴观村一组黄家坝），该地有黄辉故宅，附近有观音楼（黄辉读书处）。后黄辉不忘祖业，又在祖籍所在地搬罾另置别业，清咸丰时其宅尚存，民国初存正屋三间。另有黄村宫黄辉书屋，后为寺庙，中华人民共和国成立初期曾一度用作小学，"文化大革命"时期被撤废。

万历四年（1576），黄辉举乡试第一，中解元，一时被人称为神童。其时陈文烛任提学副使，主持考试，而他与黄辉之师任瀚关系十分亲密。万历十七年（1589），黄辉以《易》中二甲第14名进士，任兵部主事，后改翰林院庶吉士，授编修。万历二十七年（1599），以翰林院编修充皇长子讲官，升右春坊右中允，次年升右春坊右谕德。万历二十九年（1601），阁臣推他为经筵讲官，又以右春坊右谕德兼翰林院侍讲，主持全国武举考试。万历三十年（1602），他以右谕德为右庶子兼翰林院侍读，掌司经局印信。同年以病陈情乞归，获准。

黄辉回归故里后，谢绝笔研，隐居空谷。万历三十三年（1605），吏部补其原职，催他进京供职。万历三十四年（1606），黄辉升左春坊左庶子，万历三十九年（1611）升为詹事府少詹事兼翰林院侍读学士，纂修玉牒，官至正四品。万历四十年（1612）正月，奏乞宽假调理未允，同年五月卒，七月，卒事被上报朝廷。黄辉墓称阁老坟，在现走马镇的金凤山村阁老坝，明监察御史王守廉撰有墓碑碑记，可惜文字早已磨灭，未能传世，而碑亦不存。

## 二、黄辉的成就与影响

黄辉是明代重要心学家，深受李贽影响，与"公安三袁"（袁宗道、袁宏道、袁中道）、陶望龄、焦竑等的思想接近，虽以儒学为主，但沉溺于禅学，尝拜师晚明高僧莲池云栖祩宏，又与利玛窦的西学有过激烈的交锋。清代罗惇衍用定谳（定案与议罪）、韩欧（唐代韩愈和宋代欧阳修的并称）、书画、橐饘（衣食）、通禅（通晓禅理）、熟烂（对事物理解之深邃）6个词概括黄辉的成就与影响。

### （一）政治方面

黄辉早年颖悟。其父黄子元官职湖广溆浦县时，嘱黄辉审讯疑狱。他检律定谳如老吏，为御史所赏，授以《钱谷集》，黄辉一览辄记，显示其出类拔萃的吏治本领。

万历十七年，黄辉在翰林院阁试中作有《因旱修省陈言时政疏》《正人心以定国是疏》《拟正纪纲厚风俗疏》等政论文章，提出系列的政治主张。

黄辉辅佐皇太子，功绩尤著。万历十年（1582）八月，王恭妃生皇长子朱常洛。但神宗宠幸郑妃，疏远皇后长子。万历十四年（1586），郑妃生朱常洵，神宗遂册之为贵妃，欲立常洵为太子。大学士申时行等多次奏请立皇长子为太子，神宗一概不理。万历二十八年（1600），皇长子年已19岁，仍未被册立太子，而王恭妃几被废殆。时黄辉任皇长子讲官，得知其情后，遂鼓动给事中广安人王德完上疏力保太子。黄辉亲具疏草，由王德完上奏，然王被下狱，且被廷杖濒死，黄辉不避险阻，在狱外周旋服侍，其盛名极于一时。黄辉《家报》一文中对此事作有描述：

> 十月二十八日，王希泉上疏，欲主上笃厚中宫。上震怒，昨挐送镇抚司打问。其打不轻，而旨意甚重。此兄孱体，何以堪此！嗟乎，为臣不易，真不易哉！今中宫愈危，皇长子可知矣。举朝惶扰，莫知所为。昨上有密谕谕沈相公，虽语秘不传，而其意极怪，变动消息，只在目前，奈何奈何！

此外，黄辉与李贽、"公安文学"流派中的三袁（袁宗道、袁宏道、袁中道）、陶望龄，以及潘士藻等人关系亲密，他们组建"葡萄社"作为论学团体，大兴佛禅之风，此为其政敌沈一贯所忌，沈便指使张问达、冯琦、康丕扬等先后奏劾，李贽亦因此被迫害至死，黄辉也最终不得不以病辞归，"葡萄社"也随之解体。

## （二）诗文与书法方面

黄辉自幼聪慧，2岁时便能认识城门上的文字，五六岁读《易》，7岁习佛书，从小喜言兵战。入翰林后，他读书中秘，博极群书，通音律，精内外典，以博闻著称，连闳雅名世的焦竑都自愧不如。

黄辉少时爱极诗文，有文人习气，欲以风雅命世。他13岁时尝赋诗《栖乐山》一首，晚年还记得其首两句，遂补而完之。中进士、入翰林之后，他更肆习于诗文，当时翰林馆课文字体沿袭传统，盛行翰林体，王世贞、李攀龙文学盛行后，词林又改步从之，以至天下学人都讥诮为翰林体。黄辉在翰林时，他改革文风，刻意为古文词，并效法韩愈、欧阳修文体，自异于馆阁课试文字，使时人后学逐渐向往学习，一改原来诗风，使馆阁文学为之一变，时诗文推陶望龄，书法推董其昌，而黄辉与之齐名。

"葡萄社"成立后，黄辉与"公安三袁"、陶望龄等人诗文唱和，成为"公安文学"的中坚人物。他与"公安文学"流派的代表性人物袁宗道（1560—1600）、袁宏道（1568—1610）、袁中道（1570—1623）三兄弟关系极为亲密。袁宗道去世时，他操持丧事，撰写《明右春坊右庶子兼翰林院侍读袁公圹志》，并至公安会葬祭吊。黄辉去世时，袁中道为作《哭慎轩黄学士》10首以祭之。三袁因重视作品的保存后较多流传，而黄辉时因修"莲社"（佛教团体）之业，不经意于此，加之战乱等原因，故其作品罕传于世，袁氏也曾劝他不要一意耽禅，而疏忽了对诗文的雕琢。

此外，黄辉尤精翰墨，是晚明四大书法家之一。在翰林院，他与董其昌齐名，清李清霞赞其"文章动朝廷，书法妙天下"。他的书法作品现存世的有60多件，据不完全统计，政府所藏40件，私人藏品有7件，法帖碑拓16件。这其中有的作品含诗文数十首，整体相当可观。

在黄辉看来，"士大夫下笔，使有数万卷书，气象便无俗态。不然，一楷书吏耳""字不宗二王（王羲之、王献之），终为下品"。他行书以王羲之、王献之为师，楷书效法钟繇，尤以行书、草书见长。明代朱谋垔《书史会要续编》称黄辉"楷法钟元常，亦作行书"。王德完称："平倩入室，钟、王得其神髓，寰海珍藏，一时纸贵。"黄辉书法还曾以苏轼为榜样，其精会而贯通之，此于《黄州寒食》一书最有心得，今传世还有他书《后赤壁赋》一幅，董其昌称其苏书同吴宽一道，为当朝最逼真者。

黄辉行草又不局限于苏书，还受到米芾（北宋书画家）书法影响。他曾亲临写米芾《捕蝗帖》一书，今仍收录在潘仕成于咸丰七年（1857）撰集完成的《海山仙馆藏真三刻》卷六中。清宋荦之父宋权"评黄慎轩书出米而出乎米"。"公安三袁"对黄辉书法赞赏最高，称其书写"随意挥洒""有意无意"，遵循书法自然、美丽之本性。弟子蔡复亦称其书法"草草具有深心余力"，弟子米万钟赞其"趣在笔墨外"的高超技巧，明末对黄辉书法的赞赏者更是不乏其人。明清易代，雍（正）乾（隆）文字狱兴，黄辉诗文集被列为禁书，其书法也逐渐淡出人们的视野，嘉庆、道光以后，由帖学转入碑学，黄辉书法作品又渐为当世书家所著录乃至摹刻。

1982年，吴丈蜀发表《"诗书双绝"黄辉》以后，黄辉的书法作品渐次被公布，藏在深山人不识的局面渐被打破，著录、赏鉴之作渐起，各地拍卖行也多次拍卖其作品。除大陆外，在中国台湾、美国，黄辉也渐渐引起关注，其真实的历史成就与影响始为人知。

### （三）思想方面

黄辉从儒学入，但当其"狂禅"之后，他便融会三教，援禅入儒，渐精易学，并杂糅佛学、老庄、道家的思想。

黄辉在思想上最有特色的是"溺禅"。他的母亲、父亲都向佛，父亲黄士元晚年家居与他一样，都是不折不扣的佛教居士。黄辉7岁习佛书，演大乘而禅之。他出家为居士，于大慈慧寺受居士五戒，号慎轩居士，又法名幻如、无诤、无知等。他40岁时妻子去世，其后不再续娶，穿僧衣吃素，后因长期生病，为亲所逼才一度食荤。黄辉"雅好禅学，多方外交"，在翰林院及"葡萄社"中，与焦竑、"公安三袁"、吴本如、陶望龄等聚谈禅学，旬月必会，士大夫翕然从之，于当时影响甚大，最终"为言者所论"。

黄辉"恬于宦情，清苦澹泊，萧然自得。惟笃信僧达观，膜拜称弟子，为缙绅所讥"。他与僧人交往颇多，禅师湛然圆澄、郎目禅师、愚庵、莲池等是其中最知名者。他与晚明四大高僧之一的云栖袾宏（1535—1615，人称莲池大师）的关系尤为密切，得其《戒杀放生》一文而长期持守，放生布施，甚至于时曾遥拜莲池，自称弟子，并从受持菩萨大戒，书信往来不绝。他苦修佛禅，其清规戒律守持甚严。

在禅学上，黄辉深受"公安三袁"影响，袁宏道称其"利根慧性，一拨便转"，而袁中道称其"从戒定入"。他亦自称因"公安三袁"的诱导，向心佛禅，在习禅上经历了"习清泰（清静、平安）之乐""从知解（领悟）入""提话头"（禅语，指参悟的对象）三个阶段。他还参与刻印了不少佛教典籍，如《大智度论》《佛说大孔雀咒王经》《法华经》《思益经》，并手写《佛说阿弥陀经》寄予莲池大师。

万历二十九年（1601），意大利人、天主教传教士利玛窦进京，打通关节，通过天津河御用监少监马堂，试图觐见神宗皇帝。礼部主客清吏司郎中蔡献臣则极力阻止。在神宗接见利玛窦之前，黄辉与利玛窦进行了斗智斗勇的论辩，蔡献臣为黄辉同科进士，其族弟、兵部员外郎蔡复一是黄辉的学生，黄辉于是借助四夷馆馆令，通过蔡复一搜集了利玛窦的中文著作，逐页研读，加注眉批，并借朋友请利玛窦赴宴之机与其造访辩难，其讲辩点主要集中在天主教宣扬的主宰人类灵魂的天主、上帝，以及"日大于地"等说，黄辉采用中国传统文化之观点，回击了利玛窦对孔子等偶像的攻讦。利玛窦鉴于黄辉的地位与声势，当时不敢与他正面冲突，而只是在所撰写的《天主实义》等书中较为隐讳地回敬了黄辉的辩难。

黄辉热爱家乡，爱好公益，题咏甚多。他致仕还山养父，在春湖边上开仁寿泉，寿养其父，深得其欢心，后作《祭仁寿泉》以记其事。黄辉幼年游栖乐山即咏有诗，晚年记其首二句，因足成为二首：

飞仙不拔此山去，留作人间蓬岛看。
乐响提携千谷立，丹光陶洗万灵寒。
霞成舞鸟随风著，云作歌台倩雨安。
闲杀洞庭千岁笑，侍余重为跨金鞍。

青霞衣帔紫霞冠，度尽人间弱水滩。
骄鹤实呈三洞戏，小龙偷结两珠欢。
伐毛树老枝重吐，换骨梯空石更安。
桃宴别来初约看，几回东极向西看。

此外，他还作有《栖乐灵池》《登栖乐山有怀居来先生时视师海上》《题谢自然上升》《赋得鹤鸣山塔寺晨钟送陈五岳先生之闽》《登汉津楼独酌次周国雍使君韵寄怀国雍以安汉守擢宪使征建昌蛮二首》《宿龙门寺梦居来先生》等诗。黄辉参拜南充真相如寺，为撰《真如法藏疏》，为劝募修桥而撰《修杨家滩募疏》。

1599年，顺庆知府饶景晖离开南充赴福建任职，因在南充有惠政，南充缙绅士庶建饶公祠以祠之，1603年黄辉作《饶公祠堂记》。南充知府昝云鹤在嘉湖书院前建湖心亭，种莲其中，以供游览，黄辉为诗记之。西充知县黄嘉祚重儒兴教，捐金建坊，黄辉作《儒学建坊碑记》。

民国十七年（1928），南充县县长李良俊拨款修菩提路，路成时得到黄辉书"菩提路"木匾，因以命名，并摩刻于朝阳洞外崖上。

现南充市城西西山风景区的栖乐山读易洞，据传为黄辉老师任瀚潜心学《易》之处，其门楣有书刻"飞仙洞"三字，后世多传为

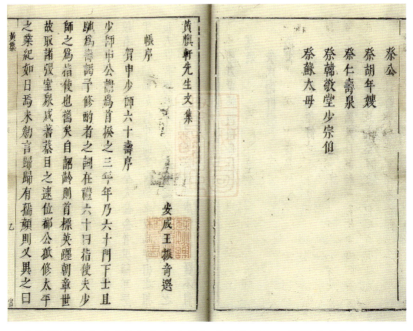

上海图书馆藏《黄慎轩先生文集》（不分卷），明天启七年刻本

陈洪绶《雅集图卷》，水墨，29.8厘米×298.4厘米，上海博物馆藏。画中人物依次为陶君奭（奭龄）、黄昭素（辉）、王静虚（赞化）、陶幼美（允嘉）、愚庵和尚、米仲诏（万锺）、陶周望（望龄）、袁伯修（宗道）、袁中郎（宏道）

黄辉书法，但据《嘉靖顺庆府志》记载，"飞仙洞，在栖乐山，刘天民（1486—1541）书三大字刻洞上"。刘天民为任瀚好友，嘉靖十一年（1532）出任四川按察副使，他于十二年三月四日（1533年3月29日）登顺庆栖乐山，赋《登顺庆栖乐山》诗一首。

黄辉现存著述主要有三部分：一是黄辉诗文集，受清代的禁毁，传世作品很少，基本上以孤本相传，有《黄太史怡春堂逸稿》2卷（中国台湾藏）、《黄太史怡春堂藏稿》7卷（日本藏）、《黄慎轩先生文集》（上海图书馆藏）；二是黄辉书法作品，大体分散保存于各博物馆，另有少量法帖、碑刻等；三是散佚的部分诗文，保存于总集、别集、地方志等各种史料中。

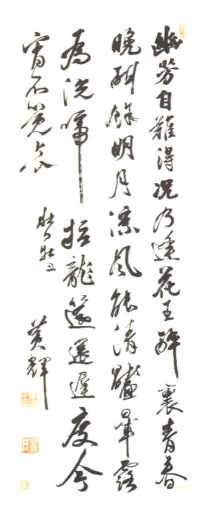

广东省博物馆藏黄辉《行书秋日牡丹诗轴》

北湖公园内"捻须蘸墨"的黄辉塑像（梁洪源摄）

## 【参考文献】

1. 黄辉：《黄太史怡春堂逸稿》，明万历四十二年（1614）序刊，南充黄氏家刻本。

2. 黄辉：《黄太史怡春堂藏稿》，明天启五年乙丑（1625）广陵乔可传寄寄斋刻本。

3. 黄辉：《黄慎轩先生文集》，西蜀督学使王振奇辑，明天启七年（1627）刻本。

4. 袁凤孙修，陈榕等纂：《（嘉庆）南充县志》，清咸丰七年（1857）增刻本。

5. 李良俊修，王荃善等纂：《（民国）新修南充县志》，《中国地方志集成·巴蜀府县志辑》第55册，成都：巴蜀书社，1992年。

6. 胡昌健：《恭州集》，重庆：重庆出版社，2008年。

# 蓬州知州任上的清代思想家：姚莹

苟德仪

姚莹（1785—1853），字石甫，号明叔，晚号展和，晚年又以其名斋"十幸斋"为号，自号幸翁，安徽桐城县（今安徽省桐城市）人，清代著名的文学家、思想家、军事家，也是中国近代初期"睁眼看世界"的典型代表。

姚莹

乾隆五十五年（1790），姚莹入学，嘉庆十三年（1808）考中进士，次年被两广总督张百龄邀请至其幕府，因在粤多年而得悉知海上之事甚多。嘉庆二十一年（1816），他出任福建平和县知县、龙溪县知县，旋调台湾府任台湾县知县兼理海防同知，又摄噶玛兰厅通判，其所至之地"政声震一时"，有"闽吏第一"之誉。道光十一年（1831）以后，他又历任江苏武进、元和等地知县，为名臣赵慎畛、陶澍、林则徐所看重，并力荐于朝，堪可大用，随后被任命为淮南监掣同知，护理两淮盐运使。

道光十七年（1837），姚莹升署台湾道加按察使衔，他经过长途跋涉，于次年正式到台湾就任。当时，针对台湾民情浮动、游民错处、谣言四起，姚莹推行联庄收养游民之法，大肆逐捕盗贼，缉拿匪徒，使台湾迅速恢复稳定。道光十九年（1839）五月，台湾嘉义地震，他查勘灾情，捐廉抚恤，并于七月平定台湾中路匪徒胡布聚众滋事一案，"奉旨交部优叙"。

道光二十年（1840），英国侵略中国东南海疆，姚莹上书督抚，陈述台湾的困难和严峻政局，并在台湾北路各海口添设炮礅、巡船，雇募乡勇水勇，以防英国进犯。次年七月，厦门失守，台湾震动。此后英军侵犯鸡笼（现基隆）海口、大安港，捣毁兵房与炮台，姚莹与达洪阿督饬文武兵勇剿办，大有斩获，英军落水死者甚众，被杀或被生擒者甚多，收回所失宁波、厦门炮械不少。姚莹与台湾镇总兵达洪阿共同领导爱国军民抗击英寇，保卫台湾，史称"夷五犯台湾，不得一利：两击走，一潜遁，两破其舟、擒其众"，战果辉煌，功勋卓著，屡被朝廷嘉奖。

姚莹等人在台湾领导的反侵略斗争虽然取胜，但整个鸦片战争由于清政府的腐败无能，最终以中国失败而结束。《南京条约》签订后，随着英国"安妮"号船长兼军事首领颠林被释放返回澳门，英方宣称台湾两次俘获英船俘虏，主要是因为船只遭风浪而搁浅所致，而姚莹等"镇道冒功饰奏"，于是京外弹劾姚莹等人的奏章相继递到京城，朝廷遂令总督怡良前往台湾查办。怡良刚到台湾，便传旨革职拿问姚莹等人，并将其押解回京，于道光二十三年（1843）八月十三日关入刑部大狱，12天后朝廷便将其释放，史称"台湾之狱"。但当时京内外不少知情人，皆以为冤案，他们引述了大量材料从不同方面论证了英国所称姚莹等人"杀俘冒功"为诬、破舟擒斩敌人为实，这一事件，当时在京内外影响极大，反使姚莹名满京师，政要显贵、文人名士，识与不识，竞相与之交往。

道光二十三年（1843）十月，姚莹被贬四川，于次年（1844）六月底抵达成都。他抵达四川，原本补蓬州知州之缺，当时正值西藏两"呼图克图"（清朝授予上层大活佛的封号）相争，他遂被四川总督宝兴派往乍雅处理此事。但姚莹认为，"夷人难以德化，失职下僚孑身往，徒损国威"，故而中途折返成都。总督宝兴认为，姚莹畏难规避，让其随同知府宣瑛等人再往乍雅继续处理此事，事竣，仍补蓬州知州。

道光二十六年（1846）五月，姚莹正式赴任蓬州知州。据光绪《蓬州志》所记载，"姚莹之谪居于此，多所兴作"，此时他虽然已年过60岁，但并未因贬谪而消沉，而是"兴致不衰，吟咏益豪"，时人甚至将他与被贬官至南海的苏东坡一比，姚莹在蓬州任上的业绩主要有以下三个方面。

一是大兴文教，创建玉环书院。姚莹刚到蓬州，见其山川优美，最得形胜，但却文教不兴，虽然城内曾有一所蓬山书院，但在乾隆之后便逐渐衰败，其讲堂不立，膏火无资，每年仅依靠济仓余谷维持，加之诸生生活困难，更无礼物馈赠山长与老师，故而既无法延请名师，诸生离书院而去者又日逐增多，学舍也已荒芜乃至杂草丛生。姚莹见状愀然，遂力排异议，决定重修书院。他在学正赵富辰、训导杨光海、吏目王钧等人的支持下，与乡绅伍联芳、伍顺贤、蓝世茂、侯代仁商议，并设局于城中，分路劝捐最终获得捐钱9640文，解决了修建经费的难题。

道光二十七年（1847）二月，玉环书院动工，次年二月修成。之所以名为玉环书院，是因为该书院后靠玉环山，前临玉环溪。书院修成后，可谓栋宇坚壮，规模宏整，讲堂学舍、山长寝室、浴室厨房皆备，总共用钱460万余文，并置田六区，以供山长修缮与诸生膏火之资，只是当时因为章程未定，姚莹便以病乞退，由继任知州高士魁制定《戒规》12条、《重议条规》4条，整个书院运行逐渐进入正轨。

该书院建成后，倡教兴学，文风大变，培养不少杰出人才，如在中国现代学界影响甚大的魏时珍、张怡荪、伍非百三人，时称

元明清时期

姚莹

姚莹创建的玉环书院（梁洪源摄）

"蓬安三杰"。今天，经过再次修缮的玉环书院，位于蓬安县锦屏镇相如故城内，其建筑格局尚存。为不断激励后人，书院内展陈姚莹生平与功业的图片，前来参观者可谓络绎不绝。

二是重视农事，体恤民情。在古代农耕社会中，人们对雨水的祈盼最为明显，这在民间的许多民俗中也有充分的体现。姚莹在蓬州任上对此亦特别关注，他在蓬州的诗文中，就曾多提及祈雨的民俗。如《蓬州诗》云："昨来懒龙睡，五月农不举。受事即祷祈，泽幸及原墅。民呼感应速，亦已歉苗黍。"他曾在《立夏前五日作》一文的"小序"中写道："蓬州苦少春雨，种不以时者，八年于兹矣。今春祷焉，时得微雨，兹乃澍雨数日，民心大慰。比岁直隶、山东、河南、陕、甘、江、浙间，水旱虫雹，纷纷告灾，不能无惕然也。"

此外，据《蓬州志》记载，当时蓬州喻家坝人户虽不多，但常常发生火灾，知州姚莹为此到访此地后，称当地为火形，令拆去后新街，并在古刹罗汉寺前开凿双池盛水，自是消除了火灾。

最能体现姚莹重农事、体民情的一件事是他在蓬州任上修建龙神祠。龙神祠是中国古代人祈求风调雨顺、五谷丰登与平安吉祥的场所，因为龙被人们视为权力、吉祥与水的象征，故而受到古人的崇拜。按清朝体制，全国府州县皆以风云雷雨之神及山川城隍之神共为一坛，与社稷同日致祭。姚莹莅任蓬州，曾去礼坛庙拜谒龙神，看到龙神无专门祠庙，而是将神相列于真武神祠内左侧，这是对龙神的亵慢。随后他便与蓬州士绅商议，决定专为龙神建祠，选址在州城东北隅玉环山山麓（后有三泉，向为祈雨的水池，本为太平庵）。

道光二十七年（1847年）七月，龙神祠正式动工，道光二十八年（1848年）二月完工，用银107两、钱138.1万文。这些银钱主要由该州绅士与庶民捐助，而当地士绅蓝世茂、伍联芳出力不小。龙神祠有前后二殿、东西夹室、厢房、庭轩、更衣室，可谓宽峻严整，姚莹为此撰写了《创建龙神祠序》。

龙神祠标识牌与介绍石碑（苟德仪摄）

蓬州龙神祠现位于四川省蓬安县锦屏镇蓬安中学内。其建筑面积1984平方米，由前殿、正殿、左右厢房、藏经楼、后院构成，祠后两层木楼与一栋清代四合院建筑为民国十六年（1927）新建，现

蓬安中学内的龙神祠（苟德仪摄）

均保存完整。

三是勤读书，勤著述。在蓬州期间，姚莹在公务之余，坚持勤读书，勤写作。据统计，他在蓬州写与本地相关的如《创修玉环书院序》《创修龙神祠序》《蓬州建置原委》，以及诗文如《蓬州诗》《秋日即事》《立夏前五日作》等就有十多篇诗文。实际上，姚莹在蓬州任内完成的文章、诗作、书信等著述还有很多，如他最重要的著作《康輶纪行》（16卷），就成书于道光二十六年（1846）左右，他在公事之余所写的读书笔记《寸阴丛录》（四卷）也完成于道光二十七年（1847）。

姚莹在此期间所写的诗作、文章、书信等甚多，均被收录在《后湘续集》《东溟文集》《东溟文后集》之中。其间，他还写了《桐城马氏方宜人家传》《王贞妇传》《王、卜二隐君传》等传记。

同时，姚莹在蓬州任职时，他还发现当地强行买卖之风盛行，官府处理该类诉讼甚多，且诉讼方必为此立券纳税，官吏、胥役亦趁机从中获利，民间对此颇为困扰。姚莹随后遂规定该类诉讼必须在双方自愿的情况下才能立案，并严禁胥役私自参与其中，违者予以辞退，此后买卖诉讼之风得到平息。

总之，姚莹贬谪蓬州，如果从他正式莅任蓬州算，至道光二十八年（1848）他病退离任蓬州，前后不到两年时间，但他在蓬州兴文教、除积弊、重农事、勤著述，可谓政绩卓著，深得士民敬仰，时人及后人称他勤于德化，民怀吏畏，有循吏风。正因为他的政绩卓著，影响甚大，故而《清史稿》专为之作传。

姚莹自在蓬州乞病东去后，经朝臣奏荐，于1850年相继被任命为湖北武昌盐法道，被派往广西帮助处理军务，以及被擢为广西按察使，参与镇压太平天国运动。咸丰二年十二月（1853年1月），姚莹病死于军中，享年68岁。

姚莹自小聪慧过人，博学多才，著述甚多，成为桐城派后期的重要人物，其主要著作《东溟文集》《东溟文集外集》《东溟文后集》《东溟文外集》《后湘诗集》《后湘二集》《东溟奏稿》《识小录》《东槎纪略》《寸阴丛录》《康輶纪行》《姚氏先德传》《中复堂遗稿》《中复堂遗稿续编》收录在《中复堂全集》中，共计98卷。

【参考文献】

1. 方旭等纂：《蓬州志》，光绪二十三年刻本。

2. 蓬安县志编纂委员会：《蓬安县志》，四川辞书出版社，1994年。

3. 赵尔巽等：《清史稿》（第38册）之列传一百七十一，中华书局，1977年。

4. 施立业：《姚莹年谱》，黄山书社，2004年。

5. 姚莹：《中复堂全集》，收录于沈云龙主编《近代中国史料丛刊续编》第六辑，台湾文海出版社，1974年。

6. 赵正铭：《相如故里故事集》，四川人民出版社，2007年。

（苟德仪，西华师范大学教授）

# 卒于南充知县任上的"汀州才子"：江怀廷

康　黎

**江怀廷**（1819—1882），字献卿，号兰皋，清嘉庆二十四年（1819）出生于福建长汀县，咸丰元年（1851）中举，为咸丰三年（1853）进士，当地人称他为"汀州才子"。

江氏家族，上古时期为江西都昌人，宋季迁福建同安之汤板里，后徙宁化，又徙上杭，最后居长汀石翁砦。当时，江氏家世从

江怀廷题匾的福建长汀县江坊村祠堂

事农作，自清初以来，大多人均未进过学堂，至江怀廷父亲时"乃能读书"，且其"为文简朴，不中程式"，及江怀廷读书时，他便已能补学官弟子之不足，"族人已惊其贵矣"。

江怀廷自幼在良好家风的熏陶下，崇德立志，勤奋读书，咸丰三年（1853），中进士。当他考中进士离开福建之时，特为家乡江坊村祠堂"济阳堂"书写了两块四字横匾，分别为"惟德永年"与"宝婺含辉"，表明其立德为民的决心与对长辈教育的感恩。

当年，江怀廷"以知县分四川即用"，遂携妻陈氏（1834—1881）入川，被朝廷派往温江受任。5年之后，他又历任蓬州（现南充市蓬安县）、南溪、璧山、双流、崇庆、璧山（回任）等州县的知州或知县，在璧山时还曾加同知衔，其间历任四川庚午（1870）、癸酉（1873）、丙子（1876）三届在省城举行的乡试（其中试者为举人）考官，协同主考或总裁审阅考卷。

江怀廷的儿子江瀚（中国近现代著名学者与诗人）一直陪同并协助他处理衙门事务。据江瀚记载，父亲江怀廷在四川为官的生涯中，勤政爱民，到各地任职时皆"淘汰不良胥役，而不轻出牒票，听讼必尽其辞合情适理，务令"两造"（指原告、被告双方）悦服，虽命盗重犯，罔用刑鞫"。其在任职州县之地，"必立保甲，兴义学，然皆成于劝导，未尝劳扰，尤好陈民疾苦，于双流则因岁歉恳免牧马山一带花户差徭；于璧山则议定讼费章程"，从而受到百姓的一致好评。

清光绪七年（1881），62岁的江怀廷由璧山调任顺庆府南充县知县。此时，由于其夫人陈氏病重仍留居璧山，其儿媳毛俶也只能带着两岁的孙子江庸（中国近代著名法学家及近代法学教育的奠基人之一）留在原地照顾陈氏，仅儿子江瀚与其同往南充就任。

南充位于四川盆地东北部，地处嘉陵江中游，为顺庆府治所在地。虽然这里民风淳朴，具有"家诗户书"的"崇文"传统，且其依山傍水，自然环境亦优，但由于当时南充天灾频发，粮食减产，而有的地方仍然在推行非制度性的"积谷"做法。"积谷"是清代地方为筹集仓谷以备粮荒而推行的一种"仓储"办法，它往往采用"按亩派捐"的形式，又称"积谷捐"，由于当时"仓储"管理不善，监督缺位，南充百姓尤其是少地与无地农民的生活仍然艰难。江怀廷到任后，尽管此时自己已感染上疟疾，时而寒战，时而高热，头痛乏力，但他仍然坚持主张停办"积谷"，以安民心。犹如江瀚事后所记，父亲在"南充疾作，犹尚请停办积谷，用纾民力"，以此去除有人在此问题上独断专横之做法。

当年，江怀廷的夫人陈氏由于长年随丈夫奔波各地，居无定所，终于农历九月二十一日（11月12日）卒于璧山县署，年仅47岁，时暂安置于璧山城北。

陈氏亦为福建长汀人氏，"诰封宜人"。她在家至孝，"居上敬，御下宽，无私蓄，无吝施，无弃物，无废事，好读史汉书，待诸子甚慈爱，而教瀚（儿子江瀚）独严，临终犹语：'以官可不为，而人不可不作，当勉自立，无为温饱屈'"。陈氏去世后，儿媳毛氏便带着3岁的儿子江庸离开璧山迁居南充县城，与丈夫江瀚一起照顾父亲。

清光绪八年（1882），江怀廷由于夫人陈氏的去世，原有疾病日渐加重，于农历九月十五日（10月26日）卒于南充任所，享年63岁。儿子江瀚因家甚贫，使父亲"不能归葬"福建老家，遂将父母合葬于双流县（今双流区）二河桥。

江怀廷一生为官清正廉洁，"居官三十年无一椽寸土，身后官亏尚赖典卖衣物以弥补之，其操尚盖可知矣"，他要求儿孙们一定要为人正直廉洁，为官清正，以民为本。江瀚曾这样评价他的父亲：

　　府君仕不废学，宽平安静，恤民犹父，训民犹师，不薪时世干练名，或劝宜少严。府君蹙然曰："治何常有天地之量，日月之明，宽严一也，否者酷耳，以民命徇时誉，吾不忍为也。"

江庸一家四世同堂（1930年摄于北京故居）。前排右三为江瀚，右四为江瀚夫人，右一为江庸，右六为江庸夫人

江瀚由于从小一直在父亲身边长大，成人后又随父亲到各地处理幕务，故而父亲的仙逝让他悲痛欲绝，其所作《南充》一诗便是他当时心境的写照：

最是伤心地，油溪与果州。

金泉山下路，未至泪先流。

江怀廷一生治学严谨，现有《道腴室遗稿》（上、下两卷）存世。

在江怀廷任职南充县知县期间，其子江瀚、孙儿江庸亦随之同往，其祖孙三人同时居住南充近两年。江怀廷去世后，江瀚夫妇带着4岁的儿子江庸离开南充流寓成都。其后，父子俩在中国历史的风雨激荡中均有不凡表现，故而在此也一并作一简要介绍。

江瀚（1857—1935），字叔海，号石翁，室名"慎所立斋"。他在离开南充后，坚守父母所嘱，频年移地做事，其间或事以官府幕务或事以书院文化教育，与新派人士多有交往，提倡致用新学；

光绪末曾赴日考察教育，从事高等学堂教育，以及任职学部。

宣统二年（1910），江瀚简放"河南开归陈许郑道"，担任掌察河南省开封、归德、陈州、许州、郑州诸府、州官吏善恶政治得失的道员，当时驻省且兼管河务，朝廷曾以治理黄河有方授予他二品衔。当年五月，江瀚改任署理河南布政使司布政使，虽然他在任时间不长，"自惟职守愧负良多，然于洁己爱民之先训，固未敢有违也"。

民国元年（1912）5月，江瀚担任京师图书馆馆长，负责图书馆的筹建工作，其手订《京师图书馆暂定阅览章程十八条》，并经呈报北洋政府教育部批准，成为中国首部由中央政府部门正式批准颁布的图书馆法规。1913年后，他历任参政院硕学通儒参政、首届高等文法官考试主考官、山西大学教授以及故宫博物院理事等职，1935年12月17日在北京家中逝世，享年78岁。江瀚以其父亲为榜样，以经邦济世之抱负，任上尽忠职守之道德，赢得了时人对他的尊敬。

江瀚一生有《东川书院学规》《诗经四家异文考补》《南行纪事诗》《慎所立斋诗文集》《北游草》《东游草》《中州从政录》《片玉碎金》《京师图书馆善本简明书目》《长汀先生著书五种》《故宫方志目普通书目》等著述传于世。

孙子江庸（1878—1960），字翊云，又作翼云，号趋庭，因其室名为"澹荡阁"，故晚年又号"澹翁"。他离开南充时年仅4岁，其后一直跟随父母四处流寓，但其"天性醇厚，事亲至孝"，父母的言传身教对其优秀品行的形成，以及学业、爱好等各方面均产生了极大影响。

1901年9月，西方各国强迫清政府签订《辛丑条约》，江庸便于当月底怀着勤奋学习以报效国家之目的，作为四川首批官派留学生由成都前往日本进入东京成城学校学习，1906年毕业于日本早稻田大学法制经济科，归国后授法政科举人，曾任晚清政府大理院推事。1912年后，他担任北洋政府京师高等审判厅厅长、司法总长，在此期间反对袁世凯称帝以及张勋复辟，其后又曾任政法大学校长、朝阳大学校长等职，1926年迁居上海从事律师业务。1931年九一八事变后，他积极从事抗日救亡运动，曾义务为救国会"七君子"辩护，1938年后又长期担任抗战时期国民参政会参政员及主席团成员。

1937年6月，救国会"七君子"与辩护律师团合影，第一排右四为江庸先生

　　1945年抗战结束后，江庸积极支持国共两党在重庆的和平谈判，企盼着尽快实现国内民主统一，和平建国。1946年，他对蒋介石挑起内战极为愤慨，并以国民参政会主席的身份公开表示，"我素来反对内战，老蒋的'讨伐命令'不要送到国民参政会来，送来是通不过的"。1949年2月，他作为"上海人民和平代表团"成员为国内和平而南北奔走，在西柏坡受到毛泽东、周恩来等中共领导人的接见，当年8月又应毛泽东主席手书邀请，出席第一届中国人民政治协商会议第一届全体会议。

　　1949年，江庸当选为全国政协委员、全国人民代表大会代表，并任政务院政治法律委员会委员、华东军政委员会人民监察委员会委员、政协上海市第二届委员会常务委员、上海市文史馆馆长等职。1960年2月，江庸因病在上海逝世，享年82岁。对于他的逝世与公祭，上海《文汇报》与北京《光明日报》均在头版进行了报道，并高度评价了他的爱国人生。

1949年9月21日第一届全国人民政治协商会议后，特邀小组成员于10月初合影留念，前排从左至右分别是：邵力子、章士钊、沙彦楷、江庸、张治中；后排从左至右分别是：黄绍竑、汪世铭、许闻天、刘斐、李燕、邓昊明、卢郁文

江庸一生正直、爱国，为近代中国的法治建设与法律教育献智出力，同时他又是一位诗人，且各种著述颇丰，除散见于民国报刊与杂志上的文章、诗词之外，现有《台湾半月记》（1929年）、《趋庭随笔》（1934年）、《澹荡阁诗集》（1957年）、《江庸诗选》（2001年）、《江庸法学文集》（2014年）等多部诗集、游记和法学论著存世。

【参考文献】

1. 江瀚：《慎所立斋诗文集》，载沈云龙主编《近代中国史料丛刊》（第七十一辑），文海出版社，1966年影印本。

2. 江瀚著，郑园整理：《江瀚日记》，凤凰出版社，2017年。

3. 江庸著，颜丽媛点校：《江庸法学文集》，法律出版社，2014年。

4. 康黎：《江庸年谱》，四川人民出版社，2024年。

（康黎，西南交通大学副教授）

近现代时期

# 四川保路运动的先锋：罗纶

陈昌明

**罗纶**（1876—1930），原名晋才，号康侯，字梓卿（一作梓青），四川西充县群德乡（2016年行政建制调整并入常林镇）罗村沟人，清末辛亥四川保路运动的先锋。

右为罗纶

　　1876年4月14日（清光绪二年三月二十日）生。他自幼聪慧，喜读诗书，13岁即熟读四书五经，乡人称之"神童"，14岁入县学，后考入成都"尊经书院"，从师宋育仁、骆成骧。1902年，中举人。

　　罗纶擅辞章，性敏善辩，为清廷大学士瞿鸿禨赏识，延至成都学使署任职。时值戊戌变法（1898年6月11日至9月21日，又称"百日维新"），罗纶与李蔚华、蒲殿俊成立"强学会""蜀学会"，出版《蜀学报》宣传变法。戊戌变法失败后，罗纶为避朝廷追杀，另改其名，并借父丧，丁忧回乡暂避。

　　在乡期间，西充县城发生了民与官斗的"倒梧桐事件"，罗纶与李蔚华、范尧等人挺身而出，和平民百姓站到一起与官斗，致县令被革职充军。

　　至1903年，西充已连续6年旱灾，当年旱情更烈，斗米1400文，百姓用以充饥的树皮、草根、野果、观音土也难寻觅，饿殍载道，又加瘟疫流行，饿死病死者不计其数。为祈老天下雨，安抚百姓，西充县县令刘洪烈不得不贴出禁屠布告禁止"杀生"，以诚祈雨。禁令虽出，但县城妄为者不绝，更有甚者，县令刘洪烈之兄来县探望他时，其也大酒大肉以待。5月25日，西充县城逢场，又是城隍庙会期，四里八乡信佛的佛婆婆齐聚县城，她们既拜城隍，又拜"玉皇诰"祈雨，故而她们看见县城内仍在杀猪卖肉十分气愤，其中有一个城郊西门沟的吉姓老人，人称"冲天炮"，她愤怒至极地大喊一声"跟我走"，于是几十个人即随她冲到四桂坊，把肉摊上的猪肉全部扛到不远处的县衙大堂，并将猪肉扔在县太爷审案的桌上。赶场看热闹的人闻此消息，如潮水般拥至县衙，大堂内外一时人山人海，斥责之声震耳欲聋。县令刘洪烈见状大怒，大声喝令，众衙役对民众大打出手，人们为躲避棍棒纷纷后退避让，当时人群中多为小脚女人，她们踉踉跄跄，一碰即倒，在拥挤踩踏中，当场死亡18人，受伤50多人，连县衙院内的两棵茶碗粗细的梧桐树也被人群踩倒，故这场血案被称为"倒梧桐事件"。

血案发生后，引起全县众怒，学生罢课，商人罢市，刘洪烈具文向顺庆府诬告"学生策动民变攻打县衙"，请求"屠城20里，以资镇慑"。当时，丁忧在家的罗纶与李蔚华、范尧等西充名士站在民众一边，并联名具状赴顺庆府控诉县衙。为安抚民情，清政府将刘洪烈革职，充军新疆，其他受此案牵连的南充县知县叶某也因"查案不清，革职"，四川臬台（按察使）"包庇同乡，革职"。

1906年春，罗纶应聘回乡担任顺庆府中学国文、历史教习兼斋务长。这时的罗纶欲在教育上图变革新以谋救国出路，多有变革之举，顺庆府恐有不测，遂改委他为西充县视学。

1907年春，罗纶赴成都，任绅班法政学堂斋务长兼游学预备学堂国文教习。在成都，他与刘行道、熊焘、张澜、徐炯、王铭新等共谋革新，人称"六君子"。时成都优级师范学堂监督王章佑、铁道学堂监督刘紫骧压制学生参加立宪运动，无理斥退学生，"六君子"挺身而出支持学生。王章佑、刘紫骧密告四川总督赵尔丰，诬蔑他们"收买学生，煽惑士林，宣传革命"，赵尔丰将罗纶等人解免职。风声稍过，罗纶复职。

1908年7月，清廷制定了《各省咨询局章程（附加案语）》，共12章。9月，为推动尽快立宪，罗纶率学生及绅、商、工、农各界2000余人赴督府请愿，慷慨陈词，面请赵尔丰代奏清廷速开国会，其影响极大。1909年秋，罗纶与张澜等人被顺庆府选为四川省咨议局议员。10月14日，在四川咨议局第一次会议上，广安蒲殿俊当选议长，罗纶当选副议长。

1911年5月8日，清廷宣布成立"皇族内阁"。9日，清内阁以"上谕"形式将全国铁道干路（包括川汉铁路）收为国有。20日，由盛宣怀主持的邮传部与英、德、法、美四国银行签订《湖北、湖南境内粤汉铁路、湖北境内川汉铁路借款合同》，借款总额600万英镑，年息5厘，40年还清，以两湖厘金盐税担保，同时商定修建铁路的工程师由英、美、德国人担任，两条铁路的修筑权和继续投资权归四国所有。

四川因地处西南，出川交通极为不便，在官民的企盼与要求下，于1904年初成立了官办川汉铁路公司，但由于其资金多由川人通过各种方式自筹，实为官商合办。因管理不善，在各方人士的呼吁下，1907年川汉铁路公司由官商合办改为"商办"，并成立了"商办川省川汉铁路有限公司"。清政府将铁路收归国有和向四国银行贷款，铁路修筑权归四国所有的一系列决定，遭到湖南、湖北、四川、广东四省民众的强烈反对，罗纶以四川咨议局名义向清廷呈《整顿川汉铁路公司案》，清廷置之不理，督办粤汉、川汉铁路的大臣端方，电令四省停收"租股"。对此，四川咨议局、四川铁路公司先后多次分呈清政府和四川总督王人文，王人文也代奏清廷，请求清廷收回铁路国有成命，但清廷严斥王人文，拒绝川省绅民所请，罗纶等人深感不能对清廷再存幻想。

1911年6月16日下午，川汉铁路公司召开股东及各团体紧急会议，会上大家发言激烈，提出"破约保路"主张，当晚罗纶、蒲殿俊等20余人密谋成立四川保路同志会，继而在四川掀起声势浩大的保路运动，这场运动最终导致了辛亥革命的发生。

6月17日，成都数千人在铁路公司开会成立四川保路同志会，参会的民众超过5000人。大会开始时，首先由罗纶致辞，他激动地大声讲道："邮传部盛宣怀签订之四国借款合同，丧权辱国，招致危亡，此大前提，必先反对！既不还川路股本，又要提去川路现存各款一千余万，已经不能容忍！为要封锁舆论，敢于假借所辖全国电局权力，禁止拍发有关保路事件的电报，'防人之口，甚于防川'，其能久乎？盛、端歌电，实为苛政；不还现款，只发股票，实为骗局；夺路劫款，压迫川人，违背朝旨，实为残臣，步埃及、印度后尘，大借外债而召亡国之痛，实为汉奸。"

讲演中，他的几个"实为"还未讲完，就"已经咽喉耿耿，率性放声大哭起来，台下会众更是哭成一片。就连维持会场秩序的警察，也丢下警棍伏案痛哭"，会场上立刻掀起了怒吼的高潮。接着，他提高了嗓音："父老昆仲们，我们的痛哭，不是示弱，是对盛、端的讨伐！但我们更须节哀，理智起来，深思下一步如何办？为了动员全川七千万人，一心一德，誓死反对国有铁路，为了拒债废约争路起见，我提议立刻成立一个责有专成的机关——保路同志会！"他的提议立即获得会众的齐声赞成。

左为罗纶，右为张澜

　　接着，罗纶阐述了保路同志会成立后应办的事项："（我们）还要在各府厅州县、乡镇成立保路同志协会，在成都各行业、各法团、各学堂及各州县旅京沪及各省之四川人，也要成立保路同志协会，并且要派代表赴湘、鄂、粤、京，联合争路请愿力量才大，才能生效！争路是四川人的事，如果全川七千万同胞，都知道路存省存，路亡省亡的道理，自然都会起来反对盛、端诸人欺君卖国、欺压川人的横蛮行为。现在的办法就是要请一些热心路事的人到全川各府厅、州、县去讲演，把各处各行业、各阶层的志士仁人一齐唤醒起来，成立保路同志会。这样一呼众应，力量岂不更大！哪怕盛宣怀、端方再专横，哪怕英、法、德、美四国银行再狠毒，他们也一定知所畏惧，一定会让步废约的，我们拒债废约、保路之目的就可以达到。"

　　会议最后宣布四川保路同志会组织，罗纶任交涉部部长。

　　四川保路同志会成立后，又拟定了《四川保路同志会宣言》，其后四川各地的保路同志会如雨后春笋相继建立，将四川保路运动推向高潮。

6月19日，王人文发出弹劾盛宣怀奏疏。不久，王人文被革职，赵尔丰回川接任四川总督。

8月2日，四川保路同志会召开全体大会欢迎股东代表，到会者近万人。次日，赵尔丰授受四川督印，接替对保路运动持同情态度的王人文。5日，川汉铁路股东特别大会在铁路公司召开，张澜当选股东会副会长，他在这次会上的演说针对性强，激起在场人士的共愤，激发了全川人民的保路斗志。

8月下旬，四川保路运动辐射到邻近各省，大有蔓延全国之势。8月24日，成都开始了罢市、罢课、罢工的"三罢"斗争，随即全省各地响应。

9月1日，川汉铁路在成都召开股东会议，通过"不纳粮、税通告"五条，"抗粮抗捐"斗争在全省展开，并通电全国。清廷惶恐不安，要求赵尔丰对罢课、罢市、抗粮抗税者"严厉弹压""毋任嚣张"。赵尔丰自觉弹压失据，不敢妄行，朝廷后又令端方以督办川汉铁路大臣身份从武昌赴成都解决四川危机。

9月7日，赵尔丰利用官绅和保路同志会、咨议局首领到布政使衙门会谈之际，将蒲殿俊、罗纶、张澜、邓孝可、颜楷等人逮捕，随即保路同志会和铁路公司被查封。消息一经传出，成都全城震怒，"人心大愤，鬼哭神嚎"。各街坊传告，"各铺家坐户，无论老幼男女各出一人前去请愿"。愤怒的群众手捧光绪皇帝的牌位，有的还手拿清香像潮水一样涌向总督衙门，要求释放蒲殿俊、罗纶等人。赵尔丰下令驱散"乱民"，一时枪声四起，埋伏在四周的军警开枪向群众扫射，辕门内外一片混乱，打死26人，死者中最小者为年仅12岁的戏班幼童，伤者无以统计。次日大雨如注，督署衙门前的街巷血水横流，惨不忍睹。这就是震惊中外的"成都血案"。

"成都血案"发生后，赵尔丰电奏朝廷，诬陷川人"气焰嚣张，图谋独立"，电请朝廷派兵入川，以防不测。同时，同盟会会员曹笃、朱国琛为及时向全川人民揭露"成都血案"真相，以号召人民起义，便裁木板大书"赵尔丰先捕蒲、罗，后剿四川，各地同志速起自保自救"21字，于当夜投入江中，乘秋涨顺流，不一日便传遍川西南，当时人惊称之为"水电报"。"成都血案"的消息很快传遍全川。

此后，四川各地纷纷组织保路同志军发动武装起义，仅十几天时间，成都附近10余州县的保路同志军共约20万人先后起事，他们将各处电线尽数捣毁，并于沿途设哨卡，断绝官府来往文书，对成都形成包围之势。清廷急调云南、贵州，湖南、湖北、陕西等省军队驰援成都。同志军撤围成都后，转而攻打各州县。9月25日，荣县宣布独立，成立荣县军政府，远近震动，彭山、眉山、青神等县相继响应，成都附近的温江、崇庆、郫县、简阳，金堂和川西的荥经、天全、芦山等县的同志军亦同时并起。川南的嘉定、夹江、叙州的同志军会师于犍为，在下渡口磨子坊大败清军；川东北的同志军以大竹、渠县为中心，攻占邻水、垫江、达县等地，并配合广安同志军向川北的南充、岳池等县发展；川东巫山一带的铁路工人也举行暴动，川北的江油、绵州等地的民众也开展武装斗争。全省人民的反清大起义，将四川辛亥革命推向高潮，各州县亦开始相继独立。

10月中旬，湖北武昌起义爆发。为缓和川省局势，清廷被迫改变对四川的态度，于26日撤去盛宣怀的职务，并同意释放被赵尔丰逮捕的蒲殿俊、罗纶等人。11月1日，赵尔丰先行释放了张澜等"情节较轻"的4人。15日下午，蒲殿俊与罗纶等其他人士才全部被释放。11月22日，蜀军政府在重庆建立。11月27日，成都"大汉四川军政府"成立，蒲殿俊任都督，朱庆澜任副都督，罗纶任招抚局局长。同日，被清廷派往四川镇压保路运动的端方及其弟在资州被随军中的革命党诛杀。

12月8日，在赵尔丰的鼓动下，"成都兵变"爆发，一片混乱中，蒲殿俊等人仓皇而逃，罗纶力挽狂澜，坚守军政府。次日凌晨，尹昌衡率新军进城平叛，使得民心稍安。当晚，官绅一致推举尹昌衡为都督，罗纶为副都督，重新改组为四川军政府。27日，尹昌衡、罗纶宣布就职，罗纶还兼任军政府招抚局局长。军政府发出通告，要求坚决镇压破坏分子，贯彻五族共和政策，成都社会秩序归于正常。

1912年初，成渝两地军政府合并，罗纶任军事参议院院长。他对军事过问甚少，但于文化教育关心甚殷。他创办戏曲改良社，培养川剧人才，又办《进化白话报》，力图"启迪民智"。同年7月，罗纶受到代理都督胡景伊的排斥打击，辞职归家隐居。

1913年4月，罗纶被选为国会议员，游历北京。1914年，袁世凯解散国会，罗纶归乡任顺庆中学教习。1915年，袁世凯称帝后，罗纶与张澜、钟体道等人在顺庆举义兵讨袁护国。

1921年，罗纶任西充县地方自治筹备处主任。1922年，应国会之召赴京，1923年因不满曹锟贿选，辞议员职归家。1925年，罗纶当选四川善后会议代表，继选为审察长。其后赋闲家中，1930年病逝，时年54岁。

**【参考文献】**

1. 隗瀛涛、赵清主编：《四川辛亥革命史料》上下册，四川人民出版社1981年、1982年版。

2. 刘艳华：《辛亥革命》，北京时代文书局，2016年。

3. 李德先：《西充中学校本教材》。

（陈昌明，西充县政府办退休干部）

# "民主之家"的主人：鲜英

陈昌明

**鲜英**（1885—1968），字特生，西充县太平镇鲜家沟人，中国民主同盟创始人之一，著名民主人士。

清光绪十一年（1885）4月28日，鲜英出生于一个贫农家庭，后在亲友的资助下进入私塾读书。1908年，他考入四川陆军速成学堂，同时考入该学堂的还有四川军阀刘湘、杨森、王缵绪等，同年他加入同盟会。

1912年，民国成立，张澜出任四川省军政府川北宣慰使，鲜英与刘湘、杨森等人作为护卫队成员陪侍左右。1913年，张澜当选国会众议院议员，鲜英又随张澜进京赴任，在北京被袁世凯任命为总统府侍卫官。1914年，袁世凯解散国会，张澜离京返回南充，鲜英亦以求学为名辞职，后经保送进入陆军大学。1915年，袁世凯与日本帝国主义签订丧权辱国的"二十一条"后，鲜英愤而去广州参加讨袁的"护国之役"。

1920年，鲜英回川任陆军第十六师参谋长。1921年，刘湘以川军总司令职据守重庆，委任他为总司令部行营参谋长兼重庆铜元局局长。1925年，杨森在四川发起"统一之战"欲以武力统一全川，此时西充人王缵绪为杨部主力师第一师师长，刘湘遂派鲜英去王部劝其"息兵停战，以纾民困"，王缵绪听其言，并公开通电斥责杨森，杨森后大败。刘湘又任命鲜英为第十师师长兼江巴卫戍总司令，驻防重庆。1928年，鲜英辞去师长职务，任四川善后督办公署参赞兼惠民兵工厂厂长。

1929年，鲜英在重庆上清寺嘉陵桥东村修建私宅，1931年建成，以其字号命名"特园"。"特园"位于重庆嘉陵江畔上清寺旁边（现重庆市渝中区上清寺街道嘉陵桥东村35号），是一块占地面积70余亩的坡地，曾经是江西会馆。在修建"特园"期间，鲜英履职在外，还经营大米厂、面粉厂等实业，建房之事全由夫人金竹生操持，从经费筹集到建筑设计施工皆她所为。她虽文化不高，但极聪慧、勤劳。由于当时鲜英的资金大部分投在实业上，其建园经费全由金竹生筹集，她将废弃的煤渣制成煤砖售卖，又将先期建好的房舍出租以回收资金，然后再建其他的建筑。同时，她还在"特园"的空地上广种花草果木和蔬菜，并亲自下地劳作，令衣着光鲜、慕名前来拜访的小姐太太们惊愕不已。

建成后的"特园"主体工程是"达观楼"，该楼融欧洲、川北民居特色为一体，堪称中西合璧。该楼由金竹生女士自己设计，由三幢三层青砖楼房构成，前后各有一个大花园，幽雅恬静。"特园"较大的其他建筑有"平庐"和"康庄"。"平庐"坐南朝北，一楼一底，中西式砖木结构，以鲜英第八女继平的名字命名。建筑面积719.5平方米，面阔17.9米，进深13.4米，通高13.3米。"康庄"坐北朝南，以鲜英第九女继康的名字命名，共四幢，皆三层，同样是西式小楼，尖顶、灰色，与"平庐"相望。董必武对"特园"以"民主之家"相赠，并请郭沫若代其题书，冯玉祥手书"民主之家"匾额相赠，张澜也书赠一联，联云："谁似这川北老人风流，善工书、善将兵、善收藏图籍，放眼达观楼，更赢得江山如画；哪

鲜英在"特园"留影

管他法西斯蒂压迫，有职教、有文协、有政治团体，抵掌天下事，常集此民主之家。"

在此之后，尤其是在抗战时期，国共两党人员以及许多民主人士均在"特园"居住过，如抗战时期，冯玉祥、荷兰和意大利使馆以及苏联和盟军的军事代表团都曾租用过"康庄"。由于鲜英古道热肠，金竹生待人接物优礼有加，据许多社会名流回忆，"当年的'特园'是宾客盈门，堪称盛况空前"。金竹生女士说："当年每天在'特园'用餐的人很多，最多时上千人，全天开流水席，随到随吃，米是从南充用船运下来的，每天往'特园'送米、送菜的挑夫络绎不绝。"1945年重庆谈判期间，毛泽东应邀参加鲜英寿筵时称他是"当代孟尝君"。

1933年春，鲜英受刘湘委托与张澜赴广西与李宗仁、白崇禧、黄旭初联络反蒋抗日，为1936年《川、桂、红（军）协定》的签订奠定了基础。1935年1月，鲜英同张澜、钟体乾代表刘湘，在成都同中共代表李一氓会谈，达成联合反蒋抗日秘密协定，并由刘湘资助20万银圆，购买食盐、布匹、西药等大宗物资以济陕北红军急需。同年5月，鲜英任四川省第十三行政区（绵阳）督察专员。1936年12月至1939年7月，鲜英又任四川省第十一行政区（南充）督察专员兼保安司令、南充建华中学董事长。他在行政督察专员任上，大胆起用黄埔军校第五期学员西充人康冻为南充县第一区区长，后康冻政绩显著，先后调任新繁县、汶川县县长，深受百姓拥戴。

1941年1月皖南事变时，鲜英为重庆《新蜀报》社社长。2月，周恩来到特园拜会鲜英时提出，"以后中共代表团的一些对外活动，能否借特园以用？"鲜英欣然同意，双方同时还协定，以后《新华日报》和《新蜀报》在政治报道上应取一致态度。

1944年9月19日，民主政团同盟在"特园"举行全国代表大会，并将总部设于特园。会议选举鲜英为中央执行委员兼重庆民盟支部主任委员，负责总部机关报《民主报》并任董事长。当时，中共在重庆的曾家岩办事处被国民党军、警、宪、特便衣监视甚严，一些民主志士不便去那里活动，"特园"便成了这些人的俱乐部。周恩来、董必武、吴玉章、王若飞、邓颖超、郭沫若、沈钧儒、李公朴、陶行知、黄炎培、柳亚子、冯玉祥、李济深、史良、章伯钧、梁漱溟、邓初民、朱蕴山等都常到此聚会，共商国是。

1945年抗日战争结束后，参加重庆谈判的中共中央主席毛泽东、副主席周恩来于8月30日到"特园"看望张澜和鲜英。9月2日，张澜以为鲜英60岁生日祝寿名义在"特园"宴请毛泽东、周恩来、王若飞、鲜英、沈钧儒、左舜生、黄炎培等作陪。席间，鲜英向毛泽东介绍"民主之家"的得名经过，毛泽东听后说："董老起名，冯将军题字，表老赠联，堪称三绝啊！"接着又说，"今天我们聚会民主之家，今后共同努力，生活在民主之国。"席间，鲜英以夫人金竹生亲自酿制的具有西充家乡传统风味的枣儿酒招待，毛泽东尝了之后，连连称好。宴会后，鲜英之女手捧纪念册，请毛泽东主席题字，他以"光明在望"手书四字相赠。

1946年5月，国民党发动全面内战在即，重庆各界人士举行时事座谈会。会后，鲜英与罗隆基、史良、邓初民等90余人公开发表宣言并发起签名运动，呼吁和平，反对内战。7月，李公朴、闻一多血案在昆明发生后，重庆各界人士6000多人在青年宫举行追悼大会，鲜英在"民族之魂"的横幅下诵读祭文，沉痛悼念为民主殉难的民盟同志。

在此期间，由于鲜英亲近毛泽东、周恩来等中共领袖，拥护共产党的主张，国民党当局对他恨之入骨，他们在"特园"四周遍布岗哨暗探进行监视，特务分子还向鲜英及其家人投送匿名信进行恐吓。有一次，陈立夫的亲信羊宗秀对鲜英说："只要你答应关闭'特园'，不再让中共和民盟使用，就可以要官给官，要钱给钱。"鲜英闻言，如受大辱，愤怒地说："绝对办不到！"随后拂袖而去。

1947年6月1日深夜，重庆国民党当局出动大批军警对进步人士进行大搜捕，民盟总部机关报《民主报》30多名记者、编辑、印刷厂工人被捕，鲜英在与民盟南京总部失去联系的情况下，利用个人关系营救盟员，最后他说服梁漱溟出面在《大公报》上发表公开声明，呼吁当局应当立即释放非法逮捕的《民主报》员工，此后被逮捕的《民主报》大部分员工才被释放，其中包括10名中共地下党员。同年11月6日，民盟总部迫于国民党反动派的压力宣布解散后，鲜英的活动转入地下，但这年初冬他仍秘密接收了在淮海战役中起义投诚的国民党四十四军一五〇师师长赵璧光参加民盟，而其他一些不便出面的工作，则委托其刚从美国留学回国的四子鲜恒去完成。

1949年夏，鲜英接受中共重庆市党组织的请求，策反重庆卫戍总司令杨森。为摆脱特务监视，他派儿子鲜恒与杨森具体交涉，后

今日"特园"

达成口头协议：杨森答应撤退时"保城"，保证不配合军统局破坏市区建筑，其余"救人""起义""捉蒋"三项"实难从命"。杨森也提出条件，要求鲜英"关照小妾邓壁如；田蘅秋有点私产不能带走，代为存放"。后来解放军进入重庆时，市区内未发生国民党军队的破坏和骚乱，市民免遭战乱之苦。不久，杨森的儿子杨汉烈也在金堂率部起义。南充解放后，鲜英为杨森所托两件事还曾受到一定影响，差点因"窝藏战犯眷属财产"被人民政府查办。

　　中华人民共和国成立后，作为爱国民主人士，鲜英荣任西南军政委员会和首届全国政协委员，并被推选为第一届全国人民代表大会代表。1951年，中共中央主席毛泽东请鲜英赴京做客。毛泽东说："重庆解放的时候，你受惊了。"鲜英说："托主席的福，还好。"当时政务院总理周恩来在一旁风趣地说："现在可以畅饮枣儿酒啦！"

　　1957年，鲜英被错划为右派，1961年被摘去右派帽子。1962

年，鲜英受国务院总理周恩来以及董必武的安排移居北京，加以保护。1968年4月，"特园"主楼被重庆"造反派"付之一炬。当年6月8日，鲜英在北京逝世，1977年8月，其骨灰被移至八宝山革命烈士公墓。1997年，鲜英及其夫人金竹生的骨灰一同被安葬于重庆歌乐山。

2008年5月，依"特园"旧居遗址而建的"重庆特园民主党派历史陈列馆"正式对外开放。2011年3月，扩建后正式更名为"中国民主党派历史陈列馆"。2013年，国务院公布"特园"为全国重点文物保护单位。

【参考文献】

1. 《西充县志》，1987年版。
2. 鲜英侄女鲜继玉口述资料。

# 隐蔽战线的尖刀：李鸣珂

朱　华　屠周娇

李鸣珂（1899—1930），字韵舫，号力农，化名王可，曾用名李春华、李钟鸣、王鼎成，1899年出生于四川省南部县安坝乡（今河东镇）龙王沱贫苦农民家庭，是川东起义领导人，中国共产党早期优秀的军事指挥员。

李鸣珂

## 求学问道　弃文从武

李鸣珂在家中稍长，从小就读于私塾，1911年转入白登观村小学，其后进入南部县乙种农业学校。他读书时常聆听老师和长辈们讲述关于保路运动和辛亥革命的故事，故而为国为民的思想开始在这个少年的心中生根发芽。

1919年，20岁的李鸣珂考入四川省高等蚕业学校，此时正值第一次世界大战落幕，五四爱国浪潮激荡，幼年丧父的李鸣珂开始接触与学习马克思列宁主义，思想觉悟不断提高，并先后结识了吴玉章、袁诗尧等进步人士，坚定了他反帝反封建的革命决心。

1922年，李鸣珂从四川省高等蚕业学校毕业，经学校和袁诗尧的推荐，担任南部县实业所所长。他满怀热情地兴办采桑业、创办农场、丝厂等，大力宣传新文化和革命思想，组织"青年义勇团"与贪官污吏、土豪劣绅进行斗争。然而，这一系列举动受到反动势力的打压，当地豪绅们联名告他"宣传共产，赤化民众"，于是南部县政府撤去了他实业所所长的职务，其在职仅一年多时间。当时，所里与当地的群众知道此事后都为李鸣珂鸣不平，他也明白了实业难以兴民，必须推翻反动统治政权才能实业救国，实现富民强国之道理。

李鸣珂从实业所离职后，经人推荐到顺庆（今南充）张澜主办的职业中学教书，时任理化教员，罗瑞卿为李鸣珂的学生。1924年，李鸣珂弃笔从戎，到川军何光烈二十团任一等书记（文书）。当时，李鸣珂经同乡介绍，结识了川军团长刘伯承，对于军事和形势的看法也深受其影响。次年，李鸣珂经陈任民介绍进入广东熊克武的建军干部学校受训。在广州，他光荣地加入了中国共产党，并考入黄埔军校第4期步兵科学习，与林彪、赵尚志、刘志丹等成为同学。

1926年，李鸣珂在广州受训结束，调至黄埔军校武汉分校（武汉中央军事政治学校）担任教官。此时，陈毅任分校中共地下党支部书记，李鸣珂任支部委员，罗瑞卿、赵一曼等时为黄埔军校第6期学员，李鸣珂与学生罗瑞卿再次相遇。同年，李鸣珂出任国民革命军第十一军二十四师教导大队中队长，从此真正开始了他的武将生涯。

李鸣珂早期在成都学习，接受了吴玉章等革命先驱倡导的民主思想，在黄埔军校学习期间，深受周恩来、恽代英等老师的教诲，在政治思想、军事素质方面得到了有力的提升。他也曾两次担任罗瑞卿的老师。罗瑞卿在新中国成立后回忆说："在南充中学读书时遇到了终生难忘的两位老师，其中一位是李鸣珂。"可见，李鸣珂因早期深受革命思想的影响，其后他才能具有坚定的信仰和卓越的才能，这对后人也产生了深远的影响。

## 南昌烽火起　武略日渐长

1927年4月，正值北伐战争节节胜利，新军阀蒋介石急忙跳出来抢夺胜利果实。李鸣珂对此疾恶如仇，深恶痛绝，他在武昌阅马场召开的大会上，宣读了讨蒋宣言。次月，蒋介石指使夏斗寅叛变革命，进攻武汉国民政府。当时，李鸣珂所在的教导队负责扼守洪山，保卫武汉南大门，他们打败叛军，巩固了武汉国民政府。

当年7月，为重振革命精神，二十四师教导大队从武汉出发，将部队集中于南昌，当时李鸣珂所在的教导大队（七十二团），与朱德领导的军官教育团等相互配合，于8月1日打响了武装反抗国民党反动派的第一枪，南昌起义爆发。李鸣珂在起义中表现出色，在起义胜利后的部队整编中，周恩来将他调至总指挥部任警卫营营长，负责周恩来、恽代英等领导人的安全，保卫文书档案，押送起义缴获的武器和现金等重要任务。随后，起义军一路南下，而斗争环境也开始恶化并导致整个部队陷入困境，起义军被迫进行转移，李鸣珂也因此取道香港返回上海。

李鸣珂回到上海后，在中共中央军事部和中央特科工作，受周恩来同志的直接领导。当时他隐藏身份与黄云桥装扮成假夫妻，居住于上海成都南路，并以三洋经济川裕公司负责人身份开展活动。他机警灵活，与敌周旋，惩奸除恶，成为"隐蔽战线一把尖刀"。

不久，中央又派李鸣珂去参加广州起义。这时的广州戒备森严，密探四布，当李鸣珂与交通员刚进入广州市区就被便衣特务跟踪，他机智地进入一家大百货商店，又快速地从另一道门走出，但仍未能甩脱跟踪的特务，随后他又走进一家旅馆，敌人立即堵住大门。此时，跟在后面的交通员以为他会遭遇不测，急忙赶往香港向恽代英汇报情况。恽代英立即给周恩来写信，并交由交通员带回上海。当周恩来听了交通员的汇报后却大声地笑着说："小同志，你不用着急，李鸣珂机灵善变，他一定会安全回来的。"果然，李鸣珂不久便回到了上海，据他自己讲，当敌人守住大门时，他从旅馆后面的小门飞步走出，让刽子手们扑了个空。

1927年12月底，李鸣珂从广州归来，党中央又派他到湖南给朱德送信。这封信是一份极其重要的文件，文件全文共12条，它指明了工农暴动的方向，提出了工农武装割据的思路，并规定了人民军队建设的若干原则等内容，李鸣珂以中央特派员的身份顺利地完成送信任务。这时的李鸣珂凭着积累的军事谋略与雄才伟志，已成长为能担重任的军事大才。

1928年3月，中央派往四川的多名省委成员壮烈牺牲，经中央军委书记、中央组织部部长周恩来提议，决定派李鸣珂到四川任省委委员兼省军委书记。他受命来到重庆，负责全川的军事工作和省委机关的安保。此时，蒋介石的心腹戴弁已于1927年被派往重庆，作为镇压革命，监视川军的特使，担任刘湘二十一军政训部主任。李鸣珂与省军委其他同志一致认为，戴弁是一只残暴的豺狼，如不迅速除掉他，将会给革命带来更大的危害。

1928年9月下旬的一天，细雨蒙蒙，薄雾笼罩着山城，李鸣珂带上李觉鸣和另一位陈姓战友，在戴弁日常由较场口公寓乘轿去办公的路上，击毙了这个作恶多端的敌特。戴弁之死，惊动全川，成了轰动山城的特大新闻，它有力地打击了反动派的嚣张气焰。为此，国民党反动派和军阀武装进行了疯狂报复，白色恐怖一时笼罩山城，但李鸣珂和穆青等不顾个人安危，在积极设法营救战友的同时，坚定地领导全川各级党组织，以及广大党员继续同敌人作殊死的斗争。

在重庆，29岁的李鸣珂对敌斗争越发显得老练，他时常化装成商人、医生，或奔波于成都、涪陵、江津、彭水、泸州等地，或策反军阀部队，改造土匪，先后发动了万源固军坝起义、双江镇兵变、旷继勋部兵变和涪陵武装起义等一系列对敌斗争，并建立了四川红军第二路游击队，在四川形成了声势浩大、此起彼伏的武装起义高潮。

在四川省军委书记职上，李鸣珂不仅掌握枪杆子擅长实际指挥作战，而且他还深入研究军事理论，注重抓宣传舆论工作。他动员驻军师长张清平出经费开办《新社会日报》，向大众宣传革命道理。同时，他还认真分析四川各军阀的特点和矛盾，抓住军运工作中的兵运、民团运和匪运三个环节，主动向敌人展开进攻，取得了卓越的战果。

### 铁骨铮铮　汉朝天门捐躯

1930年初，潜伏在刘湘二十一军的地下党员王强，在一天夜里特地来向李鸣珂通报紧急情况："易觉先叛变了，你已暴露，赶快撤离。"易觉先曾任中共忠县县委组织部部长，省委兵士运动委员会成员兼江巴联防总会秘书长，手握机密信息，他的叛变为党带来了严重的伤害。李鸣珂为减少党的损失，将个人生死置之度外，在身份暴露的情况下仍然坚持工作，最终不幸被捕。

李鸣珂被捕后，坚贞不屈，在被押运的路上，富有兵运经验的他还抓紧时机进行革命宣传。据当时敌特的资料记载，李鸣珂是有才干的，善于词辩，"见士兵宣传士兵，见夫役宣传夫役，有机会便利用，共产党人的魔力真可恶"。

同年4月19日下午，李鸣珂与其他三名党员于朝天门英勇就义，时年31岁。当时《国民公报》记载了他英勇就义的情景："4月19日午后，绑出共党四犯，赴朝天门外枪毙。内有一犯，年约30，八字短胡，面无惧色，沿途大呼共产党口号，如登演讲之台，闻系共产党著名首领李鸣珂……临刑连受五弹。"后在李鸣珂烈士遗体的衣袋里，发现了他被押赴刑场之前写下的绝命诗：

> 天愁地暗，惨雾凄凉，千万人声沸腾，来到杀场，不觉恨填胸。我心中含着许多悲愤，别了！别了！别了！许多朋友别了！许多士兵别了！许多工农及一切劳苦大众别了。我今躺在血地上，切莫为我空悲痛，但愿对准我们的敌人猛攻！猛攻！

李鸣珂英勇就义前，还分别给党中央及周恩来、战友、妻子留下数封感人至深的遗书，表现出作为一名共产党员所具有的坚定信仰、铮铮铁骨以及对战友和亲人的深厚感情。

在给党中央的信中，他对四川的工作提出了7点建议，并对恩来同志留言道："与你永别了！绝命书（长约4000字）已转卜克同志，想不难得悉。日前群众革命斗争日益发展与扩大，反动的统治阶级对于领导革命的本党是要尽量摧残的！望你珍重，祝你领导中华革命早日成功。"

在给妻子李和鸣的信中，他写道："从此和你们一家人大小永别了，不要伤心，好好教育孩子，准备给我复仇……你今后唯有革命。"随后，妻子将小儿子送走后，带着一双儿女回到老家南部县坚持革命工作，后到红九军被服厂担任教导员，1934年不幸遇害。

李鸣珂有3个子女。在李鸣珂牺牲后，最小的儿子"一三"被送到张志和处抚养。张志和于1945年将他送到重庆红岩村，后去了延安。在延安，朱德总司令接见了"一三"，为他改名"从珂"，寓意继承父亲的遗志，并写下题词："父是英雄儿好汉，父子相继要使工农把身翻。"李从珂后参军，先后参加了解放太原、石家庄战

南部县满福坝火峰山公园内的李鸣珂塑像

役，荣立三等功。

李鸣珂的长子李政文在南部县，他于1951年国庆前夕，作为烈属代表赴北京参加天安门国庆观礼，受到毛泽东主席、周恩来总理的亲切接见。

我们党英勇忠贞的优秀共产主义战士李鸣珂陨灭了，但他的革命精神与传奇般的人生故事是留给我们最为宝贵的精神财富，它将成为激励后代青年努力奋进的不竭动力。现今四川省南充市南部县满福坝街道火峰山公园内建有一座高11米、宽约3米的李鸣珂烈士的红色雕像，是家乡人民对他的永久纪念。

【参考文献】

1. 吴玉章回忆录［M］.北京：中国青年出版社，1978年版。

2. 周秀芳，王斌.记李鸣珂烈士［J］.西南师范大学学报（人文社会科学版），1980（03）。

3. 邓寿明.文武兼备的省军委书记李鸣珂［J］.四川党的建设（城市版），2004（06）。

4. 韩毅，李鸣珂：祝你领导中华革命早日成功［N］.重庆日报，2021−06−18（023）。

5. 何蜀.为劳苦大众献身的四川省军委书记［J］.红岩春秋，2005（05）。

6. 《山城锄奸记——传奇英雄李鸣珂的故事》，刘松乔，重庆日报。

7. 《他是"隐蔽战线一尖刀"——就义前给周恩来留下诀别书》，杨湛，腾讯网。

（朱华，西华师范大学教授；屠周娇，西华师范大学助教）

# 绥山骄子：杨伯恺

冯玉姝

**杨伯恺**（1894—1949），原名杨洵，字道融，四川省营山县原骆市区小蓬乡杨家坝（今营山县骆市镇花园村）人。中共党员，四川学运、青运、农运的重要领导人。

## 情系家乡心爱民

1919年，杨伯恺通过吴玉章联系，以勤工俭学赴法国留学。1921年，他积极投身周恩来、赵世炎、蔡和森等领导的留法勤工俭学学生

杨伯恺

运动，1922年6月加入旅欧共青团组织后任团支部书记，1923年加入中国共产党，与赵世炎、李富春等一同进行革命活动。1924年，中国共产党和国民党合作，在全国掀起了打倒外国列强、推翻北洋军阀的大革命热潮。1925年3月，杨伯恺在法国参加孙中山先生逝世追悼大会之后毅然回国，投入国内轰轰烈烈的革命洪流之中。1926年2

月，杨伯恺任中共重庆地委教育委员会委员。

1926年，杨伯恺虽身在重庆，但仍心系家乡，早在1月8日就致信党中央、团中央："营山县现尚无支部，年假返家定要成立组织，因为有可靠青年多人可介绍加入。"回到家乡后，他冒着严寒，跋山涉水，深入调查，了解情况，宣传革命，物色进步分子，培训农运骨干，发展共产党员。2月9日，杨伯恺向中央写了第二次报告："县中的支部第一次会议定于11日开，请中央对于新加入的三位同志予以批准。"2月中旬，中共营山县支部正式成立。1926年3月2日，四川省第一个由中共领导的县级农民协会在营山县正式成立，杨伯恺撰写了《农民协会章程》，号召农民为求得翻身解放团结起来，积极投入反帝反封建斗争，打倒军阀和土豪劣绅，废除苛捐杂税。在他的领导下，营山各地农会如雨后春笋般建立起来，并得到蓬勃发展。农会的斗争有力地打击了营山县"地头蛇"杨焕堂和团总杨芗的反动气焰。

杨伯恺与夫人危淑元和女儿杨洁（右）、杨宁（左）合影

同年，杨伯恺与陈同生、郭经阶等一起筹资，在骆市乡（现骆市镇）兴办了一所鳌山嘴模范学校，以解决本乡失学儿童入学问题，随后又办起农民夜校，教农民识字并启发他们的阶级觉悟。杨伯恺为此亲自编写《农民四季歌》《中国女子真可怜》等通俗易懂的夜课教材，深受农民喜爱，从而推动了农民运动的蓬勃发展，激发了农民强烈的爱国热情。如在当年发生的"万县惨案"中，营山农运会对英帝国主义的行为发起了抗议、示威游行和愤怒声讨，展现了营山农会的强大力量。到1927年，营山全县共建立县农会1个，区农会22个，乡农会64个，会员8000多人，是全省农会会员最多的县。

1927年大革命失败后，杨伯恺任中共上海沪东文化支部书记。抗战爆发后，他回到四川从事统战工作。

### 书生报国笔如箭

1925年5月，杨伯恺回国到达上海时，正值五卅运动爆发，中国人民的反帝斗争形成高潮。中共中央在为配合五卅运动而出版的《热血日报》发刊词中写道："上海市民的热血，已被外人的枪弹烧得沸腾起来了。"杨伯恺当时怀着满腔仇恨，四处讲演，痛斥日本帝国主义在华的暴行，还在《热血日报》上发表了《是毒计也是蠢想》《谁是洪水猛兽》等文章。当时，在上海的圣约翰大学（教会学校）的学生抗议帝国主义的暴行，该校校长大骂学生们是"圣约翰误养的一批强盗"，为此杨伯恺又在《热血日报》上发表犀利的杂文《是叛徒不是强盗》，揭露帝国主义的本性，热情赞扬学生们的正义行动，歌颂五卅爱国运动。

1939年初，杨伯恺在《华西日报》社内中共党小组组长、编辑部主任唐征久的支持下，开始为该报撰写社论。如针对1939年1月国民党五届五中全会后，蒋介石集团消极抗日，积极反共，连续掀起三次反共高潮的现状，撰写社论，评论时局，表达人民要求坚持抗战，力求团结的呼声。

1943年春，杨伯恺被华西日报社正式聘为主笔，专为该报撰写社论，以紧密配合《新华日报》的宣传，周恩来还特别为此派黎澍、陈白尘前来协助，新华日报社社长潘梓年也亲自到华西日报社研究两报言论统一口径问题。抗战末期，国内民主呼声高涨，杨伯恺不遗余力，通过撰写的大量社论，喊出了人民的心声。对此，国民党特务数次来报馆捣乱，甚至砸烂印刷机，抢走报纸，打伤工友。一些好友曾劝他"不妨写得含蓄些，避一避风头"，而他却从容微笑地说："擦亮大众的眼睛，唤起人民，这就是战斗！"

杨伯恺在尖锐复杂的斗争中，紧跟党的部署，将《华西日报》办得越来越光彩夺目，并使它成了唤醒民众，推动革命斗争的有力武器。1945年抗战胜利后，民盟张志和前往延安，毛泽东主席亲切地问到杨伯恺的近况，张志和从毛泽东主席书房的报纸中找出杨伯恺为《华西日报》撰写的社论，请毛主席审阅，毛主席看了非常高兴，称赞杨伯恺的文章写得不错。

《华西日报》当时不但为国内民众所瞩目，而且还引起了国际上的注意。1944年，苏联驻华大使罗果夫来成都，专程到报社与杨伯恺见面，赞扬该报的积极主张和战斗精神。蒋介石对此极为恼怒，勒令潘文华于1945年5月28日将报纸查封，但他却查封不了《华西日报》在人民心中所形成的巨大影响。

1946年5月，民盟主办的以张澜为社长的《民众日报》创刊，杨伯恺任总经理兼主笔。

## 英勇无畏铮骨傲

在新民主主义革命时期，杨伯恺不断为民主而呐喊，先后写出了《民主的理论性与现实性》等千余篇文章。1946年，国民党反动

在狱中怒视敌人的杨伯恺

派为此将他视为眼中钉、肉中刺，意欲除之而后快。国民党拟逮捕杨伯恺的风声传出时，有人通知他尽快离开成都以躲避风险，而他却认为，文化小组成员只剩两人，在此危急关头如自己离开，置广大盟员于不顾，这将在政治上和工作上造成很不好的影响，故而仍坚持留在成都。

1947年6月1日凌晨，杨伯恺不幸落入了敌人的魔爪，被囚禁在成都政治犯集中营"将军衙门监狱"。敌人在监狱中曾多次审讯他，要他供出民盟的"秘密"组织及成员，他却坚定地说："民盟从来没有什么秘密组织，民盟是公开的政团，它的政策是民主、和平、团结、建国，这不但过去是对的，现在是对的，而且将来也是对的。"对此，审讯者是无言以对。

随后，党组织和进步人士通过不同渠道积极设法营救杨伯恺，重庆西南长官公署曾被迫同意释放杨伯恺，但国民党四川省特委军法官却趁机要杨伯恺写出悔过书，还假惺惺地说："只要你随便办个手续，就可以出去了。"正义凛然的杨伯恺立即严词拒绝，他说："要放就只能无条件地释放，其他任何条件，都是绝对办不到的！""就是马上枪毙，我也不会写一个字，死怕什么！人随时都可以死，只是死得要有价值！"敌人又问："杨先生，你到底想不想出去？"杨伯恺坚定地说："放不放由你，我决不请求！"杨伯恺大无畏的革命精神赢得了难友们的尊敬，大家称他为"在狱中不肯取保释放的老英雄，斗争里从不妥协的老战士"。

1949年12月7日深夜，凄风瑟瑟，黑夜茫茫，杨伯恺连同30余名共产党员、民主党派成员和其他革命人士被国民党反动派秘密活埋在成都西郊外十二桥附近，英勇牺牲，史称"十二桥惨案"。这也是国民党离开大陆前的最后一次大屠杀。

1949年12月27日，在杨伯恺牺牲后的第20天，成都和平解放。

## 高山仰止敬英魂

1950年1月3日，成都军管会成立后，立即发掘烈士遗体，并由川西北临时军政委员会于当月19日在西郊外十二桥举行隆重的公祭活动。20日，杨伯恺等烈士的遗骨被安葬在绿草如茵、花团似锦的青羊宫烈士陵园。追悼会上，死里逃生的难友罗启维用血泪撰成挽联献给自己最尊敬的长者与战友：

> 七载追随，惟领导以艰苦斗争，最是系身囹圄，犹殷勤训勉，回首前尘，朽木更深惭后死；
> 卅年革命，偏殉难于胜利时会，当此全国人民，为解放腾欢，缅怀懿范，高山仰止哭先生。

当月，贺龙、李井泉在一次会议上，当面向杨伯恺的妻子危淑元称赞"杨伯恺同志是一个坚强的共产党员"，并勉励大家向他学习。现四川省人民政府在成都市青羊区青羊正街文化公园内修建了雄伟的"十二桥死难烈士墓"碑，公布为省级重点文物保护单位，定为省、市爱国主义教育基地。

1951年7月15日，民盟总部在北京全国政协文化俱乐部隆重举行民盟殉难先烈纪念会和祭灵仪式，杨伯恺夫人危淑元、李公朴夫人张曼筠、闻一多夫人高真等与各界人士代表200余人参与。民盟中央主席张澜亲临吊奠。同日的《光明日报》发表了题为《民盟殉难先烈精神永生》的社论，"在人民革命斗争中牺牲的民盟烈士永垂不朽！"专栏中，刊载了杨伯恺女儿杨洁（《西游记》导演）《忆我的父亲——杨伯恺烈士》一文。1952年7月19日和26日，民盟中央主席张澜分别致函出版署署长胡愈之和教育部部长马叙伦，请求将从华北革命大学毕业分配至保定河北省农林厅所属农学院训练班工作的危淑元调回北京工作，以便照顾年幼多病的小女儿杨宁留京读书。1953年，周恩来总理责成有关部门将其在东北生病的大女儿杨洁调到北京，副总理李富春指示在政务院为其分得一套住房。

1988年，营山县人民政府在杨伯恺家乡骆市镇建成22座衣冠冢烈士陵园。陵园建成后，其中的红军石刻宣传标语碑廊于1994年12月被确定为县级文物保护单位并立碑。

2014年8月31日，第十二届全国人民代表大会常务委员会第十次会议作出决定，将9月30日设立为烈士纪念日，每年的这天国家举行纪念烈士活动。

## 【参考文献】

《永恒的怀念》，2007年内部资料印本。

（冯玉姝，民盟营山县总支专干）

# "为人民服务"的光辉典范：张思德

李传元

**张思德**（1914—1944），出生于四川省仪陇县六合场（今思德镇）韩家湾村，1933年加入中国工农红军，被毛泽东主席誉为"为人民服务"的光辉典范。

张思德塑像

张思德幼年家里5口人，头上无片瓦，脚下无寸土，长期以租种地主的土地度日。母亲朱氏生下他不到7个月就身患重病，因无钱医治而离开人世；父亲张行品长期在外打二；大哥累死田间；二哥沦为乞丐。母亲死后，张思德便由叔父张行忠、叔母刘光友继养。养父母家同样贫穷，虽然家中人少，仅有一个刚出生不满4个月的小女娃秋香，但仍然衣食无着，终年也过着吃糠咽菜的日子。张思德七八岁时，就帮助养父母肩负起沉重的家务劳动，每日上山捡松果、捞松毛，以此在集市上卖钱买回油盐。11岁时，养父母送他进私塾读了半年书，终因家境贫寒而辍学。

张思德从小就喜欢帮助别人，他家邻居赵爷爷因做长工累坏了身体，后被地主退工成为乞丐，他每次煮好菜糊，总要先送一碗给赵爷爷充饥。

当时，距张思德家不远有一条小河，每逢夏天，附近的小兄弟常去河里游泳和捉鱼。有一次，一个叫赖世发的孩子不小心掉进了深水，情况危急，张思德奋不顾身地跳下河去，用尽全力把赖世发救上岸，而他自己却被水呛得说不出话来。

有一天，和张思德同住在韩家湾的白大娘背小麦到高家院子磨面，直到天黑才磨完。老人家背着面篓摸黑走在回家的山路上，张思德知道后急忙从灶房角落找来一截干竹子点着当火把，将半路上跟跟跄跄的白大娘送回家。张思德与穷人心连心，乐于助人的高尚品德，深受乡亲们的称赞。

张思德十二三岁时，养父不幸去世，家中更是一贫如洗，度日维艰。经人介绍，他到地主家当放牛娃，尽管每天起早贪黑，但仍衣不蔽体、食不果腹，甚至有时还拿不到那微薄的工钱，年少的他深感这个世道的不公。

张思德故居

1932年冬，中国工农红军第四方面军从鄂豫皖根据地实行战役转移，一路征战从陕南挺进到川北，并建立了川陕红色政权。1933年9月，中国工农红军解放了仪陇县立山场。张思德听说红军是穷人的队伍，专门打豪绅恶霸，拯救平民百姓，于是他邀约了六合场上几个青少年，他们跑到30里外的立山场找到红军，红军热情地接待了他们，并向他们宣传了许多革命道理。几天后，红军来到六合场，召开群众大会，成立了六合乡苏维埃政府，张思德第一个报名参加了少先队，随后他担任了乡苏维埃少先队队长，带领队员站岗放哨。同年10月，他参加中国工农红军，11月加入中国共产主义青年团。当年底，他告别母亲和家乡贫困父老，随红军转战到巴中一带。

1935年3月，张思德跟随红军西渡嘉陵江开始长征，他两次翻雪山，过草地，历尽千辛万苦，战斗中曾三次负伤，1936年11月到达陕甘宁边区革命根据地。1937年10月，他加入中国共产党，曾先后担任过八路军后方留守处警卫连一排三班班长、中央军委警卫营通信班班长。1942年11月中央警备团成立后，张思德被分配到警备团当战士，他绝对服从分配，不论当班长或当战士，都踏踏实实地做好本职工作，从无半点怨言。他说："当班长和当战士职责虽然不同，但忠实为党工作是一样的。"1943年初夏，张思德被调到延安枣园，在毛泽东主席等中共中央领导工作的地方执行警卫任务。

张思德，这个出生于川东北贫苦农民家庭的儿子，从小在艰苦的岁月里长大，磨炼出了一副健壮粗犷的身躯。他虽然个子不高，身材中等，但黝黑的肌体结实硬朗，圆圆的脸庞常常露出纯朴可爱、憨实忠厚的笑容，浓浓的眉端随时向人投来几分亲近和蔼的神态。

张思德最能关心同志、爱护同志、帮助同志，在警卫连当班长时，战士疲劳了，他就帮着站岗值勤；行军到达宿营地时，他放下背包就主动捡柴烧水给战士们洗脚；在南泥湾开荒生产期间，他和战士们住在临时搭建的三角棚夜宿，一遇山雨骤发，棚顶漏雨，他就把自己的被单拿来盖在棚顶遮雨。夏天，山野蚊子多，战士们睡不好觉，他白天抽时间砍来苦蒿、臭茅草、艾草等晒干，晚上用来烟熏蚊虫，尽可能地让大家休息好。

张思德还处处为部队着想，随时为人民服务。在延安，有一次部队发新鞋，张思德不愿去领，他说："边区人民还很穷困，我会打草鞋，自己少领一双，就可为人民减轻做一双鞋的负担。"一年冬天，部队正发棉衣，他却说："我的棉衣补一下还可再穿两年，我不领了。"张思德任通信班班长时，一天，他送信归来，在路上看见一位老大娘吃力地背着柴火下山，他急忙走上前去，接过柴火帮老大娘扛回家，还把自己随身携带的干粮送给老大娘充饥。他就是这样，经常把党的利益、群众的利益放在高于一切的位置，时时处处心中只有党和人民，唯独没有自己。

1944年夏秋之交，中央准备于次年春召开党的第七次代表大会，为了给这次大会做好后勤保障，中央办公厅轮流组织各单位人员到安塞县山中烧木炭。警卫队会烧炭的人只有张思德、白仓、王玉森，他们三人去了安塞县最南边的石峡峪村建窑烧炭，同时另外又从不同单位抽调了武根虎和洪金奎两位同志，由这五个人组成一个组，由张思德负责。他们团结一致，起早贪黑，废寝忘食，苦干一个多月烧出了5万多斤优质木炭，提前超额完成了任务。

当年9月5日，张思德一大早便带领四个同志上山开挖一座新炭窑，当时张思德、白仓进窑挖土，其他三人在窑外负责运土、倒土。当天上午10点，天空突然下起了大雨，他们冒雨继续挖土作业。由于土质松软，加上雨水渗透，即将挖成的窑洞开始变形，11点左右，张思德发现头顶上的泥土突然往下掉，他大喊一声："危险，赶紧跑！"此时他身边的白仓正在挖土，一时还没有反应过来，他便使出浑身力气，猛地把白仓推向窑口。顷刻之间，支撑炭窑的墙"轰"的一声塌了下来，被张思德推出窑外的白仓还是被埋了半个身子，虽然窑外的三人把白仓从泥土中扒了出来，但张思德却被深埋在炭窑里，献出了宝贵的生命，时年29岁。

毛泽东主席得知张思德不幸因公殉职的消息后，内心十分悲痛，当即指示警卫队队长古运兴："第一，给张思德身上洗干净，换上新衣服；第二，买一副好棺材，入殓后运回延安；第三，准备开个追悼会，我参加，在家的领导同志都要参加，我要讲话！"

9月8日下午，中央警备团，中央社会部和中央办公厅的1000多人在延安枣园后院河沟广场上，为张思德举行隆重的追悼大会。会场的土台搭起棚布。主席台两侧挂着用白布写着黑色大字的挽联："丹心昭日月""正气壮河山"。会场上庄严肃穆，摆满了战友们用最好看的山花编织成的花圈。有的花圈上写着"功劳一生""风范永存"，台中央悬挂着张思德的遗像，挂着毛泽东亲笔题写的"向为人民利益而牺牲的张思德同志致敬"的挽幛横幅。

下午2时许，毛泽东头戴八角帽、身穿粗布衣来到会场，走到张思德遗像前默哀。当中央警备团政治部主任张廷祯介绍完张思德生平事迹后，毛泽东即兴作了演讲，他说道：

> 我们的共产党和共产党领导的八路军、新四军，是革命的队伍。我们这个队伍完全是为着解放人民的，是彻底地为人民的利益工作的。张思德同志就是我们这个队伍中的一个同志。
>
> 人总是要死的，但死的意义有不同。……张思德同志是为人民利益而死的，他的死是比泰山还要重的。

毛泽东主席历时半小时的讲话，对为人民服务的意义阐述至详，在场的同志无不受到深刻的鼓舞。中央办公厅秘书处速记室主任张树德对演讲的内容作了速记，成文后呈毛主席审阅，毛主席看后，稍事斟酌，即挥笔在文稿的上方落下了"为人民服务"五个遒劲有力的大字做标题。

追悼会后，张思德的遗体被安葬在延安枣园一个山包下面（后又迁入延安烈士陵园）。

9月21日，延安《解放日报》发表毛主席的演讲及报道张思德的先进事迹后，迅速在延安各界、各解放战场传开，一个全心全意为人民服务的英雄形象随同毛主席的光辉著作《为人民服务》一起像一座光彩夺目的丰碑耸立在人民心中。

10月，毛主席为中央军委在延安召开的陕甘宁晋绥五省联防军英模大会亲笔书写了"为人民服务"五个金光闪闪的大字，再次悼念默默无闻的普通战士张思德，并进一步号召全党、全军学习张思德鞠躬尽瘁，死而后已的伟大共产主义精神。

张思德29年的生命历程是短暂的，但他的思想火花、朴实无华的人生和为人民服务的精神，却永远给后人以深深的启迪，成为中华民族的宝贵精神财富。

为传承张思德全心全意为人民服务的精神，植根"为人民服务"的宗旨，1976年以来，国家出版社先后出版发行了《张思德》《张思德的故事》《为人民服务的光辉典范张思德》《张思德传》等书籍。2004年，为纪念张思德牺牲和毛主席在延安的演讲《为人民服务》发表60周年，中国电影集团公司、中共北京市委宣传部、北京新影联影业公司制作了大型革命历史题材影片《张思德》。影片刻画了张思德这个革命队伍中的普通一兵不平凡的革命历程以及一代伟人毛泽东和这个不平凡士兵之间的深厚感情。2009年9月10日，张思德被评为"100位为新中国成立作出突出贡献的英雄模范人物"之一。

为宣传、学习和弘扬张思德精神，1967年，仪陇县把张思德的出生地六合乡更名为"思德乡"，1977年在老县城金城镇北台嘴建起了占地面积300多平方米的"张思德生平事迹陈列室"。2005年，仪陇县人民政府迁址新政镇后，投资3000多万元的张思德纪念馆于2011年建成，并被命名为四川省爱国主义教育基地，使之成为广大干部群众特别是对青少年进行爱国主义教育的重要场所。场馆运用场景再现，图写说明等手段，分五个单元，生动形象地再现了张思德同志平凡而光辉的一生。开馆以来，年均接待全国各地参观者40

张思德纪念馆（唐嗣忠摄）

多万人次。

2014年，仪陇县改革党校办学体制机制，创办了四川第一家地方性干部学院——张思德培训学院，后又先后更名为张思德干部学院、四川思德干部学院、四川张思德干部学院，累计培训学员25万余人次。学院先后被四川省委、省政府、省委组织部命名为"干部党性教育基地""第四批国防教育基地""四川省党员干部教育培训省级示范学院"，被中组部列入全国党性教育干部学院目录，成为全国72家党性教育干部学院之一。2023年，仪陇县又在嘉陵江畔建成占地面积408亩，建筑面积达69000平方米，集学习、食宿、培训为一体的四川张思德干部学院新校区。

此外，仪陇县各级政府还组建了张思德服务队，他们活跃在各条战线上，坚持为人民群众做好事、办实事，深受群众欢迎。仪陇人民在张思德全心全意为人民服务精神的哺育、鼓舞下，正满怀信心，在建设中国式现代化的征程中阔步前行。

（李传元，仪陇县政协原主席、仪陇县老区建设促进会会长）

# 戎马书生：陈同生

何方政

时任上海第一医学院院长兼党委书记的陈同生

**陈同生**（1906—1968），原本姓张，名怀清，学名张翰，曾用名张翰君、陈农菲、南星等，今营山县朗池街道九曲社区人。1939年9月，受中共江苏省委派遣，出任江南抗日义勇军指挥部秘书长，出具介绍信时将陈农菲改为陈同生。

1917年，陈同生就读于营山县立高等小学堂（新中国成立后曾改为营山师范学校附小，现为云凤实验小学校），校长由思想进步的县教育局局长李砚畲兼任。在这里，陈同生学习到科学文化知识，并开始接受民主思想的熏陶。

1924年5月，陈同生高小毕业时，因县内没有中学，遂就读于成都高等师范学校附中。在此期间，他在曾留法勤工俭学时加入中共的教师何嘉谟（营山老乡）的影响教育下，于当年9月13日加入社会主义青年团。

1925年8月，陈同生返乡进入刚成立的营山县立初级中学读书，学名张翰。因参与反对苛捐杂税运动，地方军阀令学校开除其学籍，从此走上革命道路。

1926年，陈同生进入吴玉章、杨伯恺在重庆主办的中法大学中学部读书，并于当年1月加入中国共产党。当年寒假，陈同生随同杨伯恺、郭经阶等回营山开展农民运动，在营山的天池、安化一带组织农民协会。多年后，百岁老红军王定国回忆她当时所受到的宣传教育，称他是自己参加革命的启蒙者。

1927年，组织决定让陈同生去广州工作，在张发奎的警卫团任连指导员。同年12月10日，他参加广州起义，在巷战中受伤。起义失败后，陈同生所在部队在花县（今广州花都区）与教导团合编为工农革命红军第四师，陈同生任连党代表，后调任《红军生活》杂志编辑。不久，党的东江委员会决定让他到共青团师任特派员。1928年5月3日，他在战斗中再次负伤，回到四川成都的堂叔张雪岩（谱名张成朴）家中休养。

1929年春，陈同生与同学、朋友从上海公学毕业的方镇华回到营山。当时，方镇华在营山县立高等小学堂任校长，陈同生任训育主任，他俩在师生中宣传进步思想，传播马列主义，进行地下革命活动。他们的活动引起反动当局注意，当局拟伺机寻找借口对他们进行迫害。陈同生得到消息后被迫离开营山，于1930年暑期经南充至成都，并经28军（邓锡侯部）秘书、堂叔张雪岩介绍任《日邮新闻》编辑。

1930年10月，罗世文、车耀先、曹荻秋领导的28军第二混成旅在广汉武装起义。起义失败后，因陈同生与曹荻秋关系密切被株连，被指为共产分子而成为逮捕对象，因其堂叔张雪岩设法营救才幸免于难。

1931年春，陈离（陈静珊）办《成都快报》，方镇华为《成都快报》社社长，聘陈同生为编辑，条件是要在报纸上刊登启事，申明自己与任何党派没有关系。经组织同意，陈同生在《成都快报》上刊登了启事。同年，成都各界发起反日同盟，并与抗日青年救国团体合作，陈同生参与其中，积极进行抗日救国活动。

1932年，"一·二八"淞沪抗战爆发，党内一位同志被当局逮捕，陈同生通过关系使其得以释放，但自己却因此被当局怀疑。为了避免株连，他离川赴沪找党中央，在上海，来接他的是四川同乡、中国公学的罗直方（后改名黄霖，新中国成立后曾任江西省副省长）。为掩护身份，他以张翰君名到中国公学就读。此时，因中共四川省委被破坏，陈同生与党组织失去联系，后经罗直方证明，他在中国公学恢复组织关系，并参加了中国左翼文化总同盟的工作。

1933年，陈同生被调到"互济会"工作，参与上海工人运动，在杨树浦一家橡胶厂开展党的工作，但因肠胃出血，暂到法南区（法租界与南市）养病，后被调到中央特科做情报工作。

1934年10月25日，陈同生因叛徒告密被捕入狱。因狱中无人知道他的真实情况，他以新闻记者的身份掩护自己，坚决否认与党的关系。尽管敌人对其严刑逼供，还将他拖到刑场陪斩，但他视死如归，始终未向敌人吐露真相。

1935年10月，敌人以危害民国紧急治罪法，判处陈同生有期徒刑8年。11月6日，他被押往南京中央军人监狱服刑。在狱中，他虽身患疫病，但仍与难友一起坚持斗争。

1937年8月，日机轰炸南京，炸弹落到了离中央军人监狱不远的地方，政治犯纷纷要求出狱奔赴抗日前线。经八路军办事处和周恩来出面具保，国民党当局释放了狱中的全体政治犯。8月27日，陈同生被无条件释放，出狱后的他找到了党组织，并由吕超、吕一峰等著名人士引荐，出任《金陵日报》总编辑及代理社长。

1938年10月，陈同生前往桂林参与创立中国青年新闻记者学会，时用名陈农菲。次年9月，他出任江南抗日义勇军指挥部秘书长。

1940年，陈毅率部开辟江北抗日根据地，陈同生随军到江北任挺进纵队（司令员叶飞）政治部副主任。为了孤立反共的韩德勤部，对地方武装展开统战工作，他奉命到泰州与李明扬、李长江（二李）谈判，但到泰州后，二李却指使部下将其软禁在招待所，并密谋伺机将他杀害，直到新四军在郭村战斗中获胜，才未敢加害于他，并设宴道歉将其送回。后来陈同生写下《郭村战斗时的谈判》一文，南京部队前线话剧团编剧所云平、顾宝璋据此于20世纪50年代写成话剧《东进序曲》。1962年，八一电影制片厂将其拍摄为电影《东进序曲》，影片中的政治部主任黄秉光，由著名演员李炎饰演，人物原型就是陈同生。

1945年11月，国民党挑起内战，陈同生任华中军区政治部联络部副部长兼国民党军队工作部部长，主要负责统战工作。1948年8月，他担任第三野战军政治部联络部部长，南京解放前夕又被调至第二野战军，调查国民党军队情况，进行策反工作，并参与筹建中共南京市委和南京市军管会。

1949年4月23日，解放军占领南京。24日，陈同生率先遣人员到达南京，他们带着南京市军管会的印章，于当晚开始工作，在次日天亮之前，地下党组织人员就将盖有公章的告示贴到了南京的街头巷尾。28日，中国人民解放军南京市军事管制委员会正式成立，军管会委员由刘伯承、宋任穷、张际春、李达、陈士榘、陈修良、江渭清、柯庆施、张霖之、周兴、段君毅、徐平羽、王明远、黄华、陈同生、罗士高、孔从周、刘宠18人组成，陈同生任秘书长。

5月1日，中共南京市委成立。5月10日，南京市人民政府成立，刘伯承司令员兼任书记、市长，陈同生任市政府秘书长。

南京是原国民政府首府，在南京的党、政、军、警、宪等中央及地方机关单位有923个，全国性的党派、宗教团体、高级科技人员和社会名流亦集中于此，并有不少驻华外交使团和人员。在接收过程中，陈同生作为军管会秘书长，其工作之忙碌可想而知。他最困难的是几乎每天都会遇到一些内政、外交、政治、经济等方面的新问题，尤其是南京解放后的几天内所发生数起涉外事件，如入城部队个别人员误入美国大使馆，美国大使司徒雷登给军管会送来照会，苏联大使馆人员的夫人去医院分娩因夜间戒严无法通行，等等，他都必须妥善处理，并向中央汇报。同时，南京当时又是知识分子集中的城市之一，有大中学校和科学研究院等近百所，知识分子和青年学生更是军管会工作的重要对象。为此，军管会废除了学校的反动训导制度，努力把学校办成为新中国培养人才的园地。当时，陈同生和市上一些领导同志还抽时间向知识界及学校师生作报告，讲党的方针政策，并亲自登门拜访一些知名的专家、学者，主动听取他们的意见和要求。

南京市军管会的工作千头万绪，工作人员往往夜以继日地埋头苦干，休息时间很少，此间陈同生也累得吐了血，但是大家同心同德，工作热情极高，故而不到一年时间，接管工作就基本完成。

1949年10月，陈同生调任中共南京市委统战部部长。1950年3月，他参加全国第一次统战工作会议。4月，他被调到上海任华东局统战部副部长、华东军政委员会副秘书长兼办公厅主任、人事部副部长。

1955年，陈同生调任上海第一医学院院长兼党委书记。当年4月至11月，上海第一医学院部分西迁建立重庆医学院（今重庆医科大学），他兼任重庆医学院院长。

1955年6月，中共中央华东局撤销，当时组织上拟调陈同生去中央统战部工作。在办理正式调动手续之前，他发现各大区撤销后，大批干部聚集北京，中央统战部并不缺人，而建设新中国需要大量人才，办好教育也是当务之急，便主动提出到高校工作。不久，中央决定让他到上海第一医学院担任院长兼党委书记。当时，很多人对此不能理解，有人甚至猜测他犯错误了，而他对这些传言一笑了之。他常常对干部们说："办好社会主义的医学院，一要靠党的领导，二要靠专家教授，只有做好他们的工作，才能调动他们的积极性。"

在医学院期间，陈同生工作认真负责，对事对人实事求是。70多岁的老院长颜福庆，是上海第一医学院的前身——国立上海医学院的创始人，由于年事已高，记忆力衰退，在一次公开发言中，他误将"中华人民共和国"说成了"中华民国"，从而引起全场哗然，有人为他的失言可能导致的后果而担心，也有人认为这是立场问题、原则问题，必须追究。陈同生当场向大家耐心解释："颜老虽然是从旧社会过来的，但他是爱国的。他在旧社会那样艰苦的条件下，创办了中国人自己的医学院，如果没有高度的民族自尊心和顽强的事业精神，是办不成的。人总有童年、青年和老年的时候，老年人说错几句话是难免的。他这么大年纪还在努力工作，这就是热爱社会主义。"从而化解了此次危机。

1959年后，全国进入一个生活困难时期，学院内粮食和副食品供应严重短缺，当时有的外科医师在手术台边站了8个小时，却连一杯牛奶也喝不到。陈同生知道后说："不能让我们的专家在手术台边倒下去，他们是人才呀！"后来，学院规定为手术后的外科医生供应饮料和点心。他还提出创办"高知食堂"，以及为误餐的外科手术医师增加营养费的举措。

在三年生活困难时期，城市粮食定量是体力劳动者的定量高于脑力劳动者。医生是脑力劳动者，每月的粮食定量只有25～29斤，每人每月只有半斤食用油，副食品也很少。可是医院里的外科医生每天都有手术要做，体力消耗很大，他们的粮食定量能不能合理地增加一点呢？如果能够让市上的领导了解他们工作的真实情况，就有可能采取一些合理的措施，于是他想出了一个办法，即在一位外科专家为病人做手术时，邀请中共上海市委的领导到医院参观。几个小时的手术，不仅专家汗流浃背，就连观摩的人也都感到紧张和疲劳。陈同生对市委领导说："医生的劳动不仅是强体力劳动，同时还是强脑力劳动。他们的粮食定量也应该增加一点，不要让医生饿着肚子上手术台。"上海市领导高度重视此事，不仅提高了上海第一医学院外科医生的粮食定量，也一并解决了其他医院外科医生的粮食定量问题。

1963年，陈同生调任中共上海市委统战部部长、市政协副主席，仍兼任上海第一医学院院长。

1966年，"文化大革命"开始，陈同生被批斗，停止工作。1967年7月，他被错定为"三反分子"而受到隔离审查，被人诬蔑为"叛徒""假党员"。1968年1月25日，陈同生被造反派迫害致死。

"文化大革命"结束后，陈同生被平反昭雪，恢复名誉。1978年7月29日，上海市委在上海市革命公墓举行了陈同生同志骨灰安放仪式，中共中央副主席、人大常委会委员长叶剑英，中共中央副主席、政协全国委员会主席邓小平送了花圈，政协全国委员会、中共中央统一战线工作部、中共四川省委、四川省革命委员会、中共营山县委等送了花圈，参加陈同生同志骨灰安放仪式的有1200多人。

同年7月30日，中国佛教协会副会长赵朴初写下《临江仙·悼念陈同生同志》。12月8日，著名作家巴金写下《等着，盼着——怀念陈同生同志》一文。

1985年，上海第一医学院更名为上海医科大学。2000年4月，复旦大学与上海医科大学合并，上海医科大学名为复旦大学医学院。2005年，复旦大学在百年校庆期间将枫林校区（原上海医科大学校址）的东、西主干道分别命名为"同生东路""同生西路"，以激励后学，让师生员工记住陈同生为上医的发展做出的历史性贡献。

2001年3月，上海市政协出版了上海文史资料专辑《陈同生纪念文集》，国防部原部长张爱萍为本书题字"戎马书生"。

2007年9月，复旦大学出版社出版复旦大学校史丛书《陈同生画传》；2019年复旦大学医学院重组后名为复旦大学上海医学院，其校史馆中这样评价陈同生："他忠诚于党的教育事业，善于做知识分子工作，注重发挥专家教授作用，为上医的发展做出了重要贡献。"

【参考文献】

1. 《四川省志人物志》，2001年版。
2. 《上海文史资料选辑》第100辑《陈同生纪念文集》。
3. 《陈同生画传》，复旦大学出版社，2007年9月。
4. 陈同生女儿陈淮淮所提供的资料及营山党史资料。

（何方政，营山县政协文史研究院副院长、营山县教科体局退休干部）

# 近代藏学研究的先驱：任乃强

赵启书

任乃强

**任乃强**（1894—1989），字筱庄，南充西区双桂场龙归院村庞家山（现南充市嘉陵区双桂镇龙归院村）人，中国现代著名藏学家、民族史家、历史地理学家，历任重庆大学、华西大学、四川大学等高校教授。他一生笔耕不辍，著有专著25部、论文300多篇，涉及历史、地理、民族、文献、文学、经济等多个领域，均提出了许多开创性观点，成就卓著，为后世留下了宝贵的学术遗产。

## 求学奋进　结缘康藏

1894年4月7日（农历三月初二），任乃强出生于双桂场庞家山一诗礼之家。其父任青云，善射技马术，30岁考得武秀才，为人仗义任侠；其母罗氏，康熙进士之后，理学传家，不识文而刚毅慈爱。

1900年，任乃强入庞家山龙归院私塾读书。1904年，其父加入"哥老会"，在成都受牵连入狱，其母兄卖产谋救，家道中落。1905年，任乃强考入南充县立小学堂，1910年入读顺庆府八县联立中学，1912年转入张澜任校长的南充县立中学。因他聪敏勤奋，深受老师关爱，张澜还将留日带回的地理书及日绘《支那疆域沿革图》借其摹绘。1915年冬，任乃强中学毕业，因无力赴京沪求学，被当时的县高小校长林维干（号莆丛）聘为高小学监。

　　1916年，时任嘉陵道尹的张澜"请会"（一种经济互助形式）邀凑1000元，送任乃强赴京求学。任乃强考入北京高等农业专门学堂本科，学农业经济地理专业。1919年五四运动中，作为学生领袖的任乃强在前门外演讲被捕，后经全国声援获释复学。1920年，任乃强从农大毕业，进入张澜所办北京《晨报》供职。当年冬，张澜奔母丧辞职回乡，他随返南充，协助地方自治。

　　1921年，任乃强出任南充县实业局局长，1922年兼任南充县立中学教务主任，是年出川考察实业，提出发展南充丝织业和桐油业。1923年，他创办《实业》半月刊，1925年在南充县立中学开设"乡土史"课程，开地方史教育之先河。1926年，他辞去实业局局长一职，专任南充中学职，开办蚕桑班并任班主任（罗瑞卿、任白戈曾就读）。

　　1927年，经边务处处长胡子昂介绍，任乃强被刘文辉委为川康边区视察员，当年参编《新修南充县志》。1928年，他所撰《四川历史》出版，并确定以康藏地区为自己的研究方向，专注于西康地区的历史与现状。1929年，他任刘文辉军部"边务视察员"考察西康，历时一年，撰成《西康各县视察报告》10本、地图14幅及杂记50余万言，提出《道炉行船计划书》《开凿大渡河计划书》《开办康炉丹三县茶务计划书》等4册。

　　在瞻化县（四川西部，1952年改名为新龙）考察期间，任乃强娶瞻化土司外甥女罗哲情措为妻，此成为汉藏联姻佳话。婚礼期

任乃强与藏族夫人罗哲情措合影

间，有表演说唱《格萨尔》，他请通司翻译，仿照说唱语调按汉语韵律整理，遂成中国首篇《格萨尔》汉译文。

1929年，任乃强被刘文辉聘为经济建设委员会委员，交通处、总务处长，1930年从瞻化赴理塘、炉霍实地考察，其后被聘为二十四军经济建设委员会委员。1931年，他考察川南农业，筹划夹江棉业农场，到蒲江后染疾吐血。他返回成都就医后再次南行，提出植树造林和种植棉花计划。当年夏，他从成都出发，到天全、穆坪、泸定等地考察，参与川康公路选线，并提出二郎山段修筑方案，为当时川康公路和后期川藏公路选定了路线。1932年，任乃强担任西康经济委员会交通处科长，当年刘文辉退居汉源，他去职继续撰写《西康图经》。

1933年春，应张澜之邀，任乃强一行五人赴华南考察，行至重庆，刘湘请其主持川省教育改革会议，会后同张澜等到广西，因病在湖南衡山疗养后返重庆，并陆续在重庆《新蜀报》上发表《峡外游记》。是年秋，他被聘为重庆大学教授兼农场部主任，遂迁居重庆北碚。1934年，他应农学院院长蓝梦久聘任教。后任省立三中（江安）校长，他整顿校风、革除积弊，使之成为四川名校。12月，受刘文辉推荐，任"西康建省委员会"委员。

## 助治西康　成果丰硕

1935年，任乃强发表《四川教育改革倡议》，省主席刘湘召开全川教育改革会议对之探讨。是年秋，他在重庆大学任教，经刘文辉推荐，国民政府任其为西康建省委员会委员，他举家迁雅安。

1936年9月，西康建省委员会迁康定，任乃强任建设科科长，仍留雅安。其后因受排挤，遂专心著述，兼授《康藏史地》课，并考察康—丹、康—泰（泰宁）道路。是年秋，他迁居康定。

1937年初，刘文辉设"西康县政人员训练所"，任乃强负责"西康史地"科目。是年，他任职西康建省委员会，再赴康定、道孚考察。年底，为废除"乌拉"制度、解决康区运输困难，他提出《川边垦牧公司经营事业计划》《办理牧站联营废除乌拉意见》，获刘文辉支持。1938年，他主持成立牧运公司，建立泰宁牧站，开通康定至道孚牧站联运。是年冬，任乃强由康定赴泸定考察，时国民党西康省党部成立，他拒绝加入，蒙藏委员会主办的《边政公论》以高酬约稿，但他不为所动，而投稿于无稿酬的《康导月刊》《西康日报》。

1939年1月，西康省正式建立。因被挤出省政府，任乃强决意回川，当时刘文辉派人追至泸定终于挽留，被聘担任雅安西康通志馆筹备处主任，此通志馆为川康民族文化研究事业合法机构。是年春，他卸任牧运公司职务，举家迁汉源，作大渡河沿岸史地考察，并绘制化林坪图。

1940年，任乃强兼任西康县政人员训练所教员，讲授《康藏史地》等课。1941年，刘文辉从康定到雅安，开办训练班，邀请他讲授《康藏史地》课程，编授讲义3册共23万余字。其间，他身赴芦山、宝兴、天全三县考察，撰成《天芦宝札记》等长篇考察报告和《芦山汉石图考》等论文，并在芦山主持发掘王晖石棺。1942年，李安宅发起筹备华西边疆研究所，他受华西协合大学之聘，任社会学系教授兼华西边疆研究所研究员，故举家从雅安迁往成都。

1943年，任乃强与李安宅同率华西大学师生赴康区北部考察，撰成《德格土司世谱》《喇嘛教与西康政治》等文，1944年完成历时15年绘成的百万分之一康藏标准地图和西康各县分图，该图成为当时国内最精确、最权威的康藏地图。随后，他又发表《"藏三国"的初步介绍》，连续发表《记西康奇药独一味》《从独一味说到开发边疆》等介绍藏药的三篇文章，并对史诗《格萨尔王传》作了开创性研究。

1945年春节前，任乃强返回华西大学，受聘为四川大学农学院专任教授，在华西大学、四川大学开设"垦殖学""农业经济地理""中国农业史""农业推广"等课程，同时在东方文教学院讲授"文化地理"。其间，他组织"康藏研究社"，创办《康藏研究》月刊。

1946年，任乃强辞去华西大学教职，专任四川大学教授。是年，他在成都慈惠堂张澜住所加入中国民主同盟，创办了国内首个民间藏学研究社团"康藏研究社"，自任理事长，其妻罗哲情措任总务干事，创办《康藏研究月刊》。1947年，他创作长篇历史小说《张献忠》，1948年在四川大学农学院首开"中国农业史"课程，并撰成《中国农业史讲义》。

1949年秋，妻子罗哲情措因在"康藏研究社"操劳成疾病逝，年仅40岁，任乃强发表《悼罗哲情措》以致深情缅怀。

## 献策绘图　逆境治学

1950年1月2日，任乃强应贺龙司令员之请，向西南军区介绍康藏情况，提出解放西藏建议，多被采纳。为确定进军线路，他主持绘制了进军地图，为和平解放西藏作出重大贡献。是年春，他受中共川北区委书记胡耀邦邀请，同回南充了解土地改革问题。4月，他被政务院任命为西南民族事务委员会委员，协助王维舟等人筹建西南民族学院。

1951年秋，任乃强参加四川大学农学院赴京学习队，在南苑农场学习苏联农业经济理论。1953年，他由京返校，编撰《农经讲义》，但因"思想改造不好"而被停授课，后移居城内研究皮影戏，并设计雕刻了《白毛女》《小二黑结婚》《闹龙宫》等新式皮影，拟作为剧社下乡惠民演出之用。1954年，他又撰成《灯影史话》《皮影的雕刻工艺》等文。

1956年，任乃强内印《川康藏农业区划意见》，写成《川康藏农业区划意见》。是年，农学院迁至雅安，他移任四川大学历史系教授、资料室主任。1957年，他在四川大学"反右"运动中被批判拒绝检讨，被错定为右派分子，取消其特供待遇及发表文章和出版专著的资格。

1959年，任乃强利用历史系资料室藏书之便埋头研究，相继撰成《四川州县沿革图说》《四川历史地图》等著述。1960年，67岁的他身患水肿病，坚持于废弃油印讲义背面写完《华阳国志校补图注》初稿，计100余万字，存资料室供师生参阅。1961年10月，他被摘掉"右派"帽子，但仍留历史系资料室监督改造。

1962年，任乃强以稿笺完成《华阳国志校补图注》二稿缮正，终成150万字鸿篇巨著。此书系统考证和研究了西南地区民族、历史、地理、经济，探讨了西南民族内在联系及其派分，纠驳了前人诸多谬说，提出了大量独到见解，1987年出版后，受到国内外学术界高度评价，获首届"国家图书奖"。

1963年，70岁的任乃强因患水肿病休养一年，次年重返四川大学历史系资料室整理旧作。1965年，他在"四清"运动中又被作为重点对象，12月因念其年老，"宽大处理"，勒令其退休。

1968年，75岁高龄的任乃强只身离开成都，被遣回阔别20年的

任乃强双桂夏乐湾岩居

故里，家乡亲人用滑竿将其接回，暂居侄子家。1969年秋，任乃强于庞家山下岩腔内依岩修起三间石屋，开始隐居著述。乐观的他将此地更名"夏乐湾"，住此三年。岩居虽苦，却躲过了外界困扰。他在煤油灯下研究创作，相继写成专著《周诗新诠》及长篇小说《长生岛》，并主持天宫山崖墓考古工作。1973年春返回成都后，80高龄的任乃强撰写《筱庄笔记》，回忆毕生经历见闻，并修订《华阳国志校补图注》第三稿。

## 潜心著述　传承有人

1977年，"文化大革命"结束。任乃强为国家勘探和开采黄金献计，写成《康青藏高原采金刍议》，由老友张秀熟转交四川省委书记杨超。杨超对此十分重视，将其报送国务院副总理王震。王震亲自回信，勉励"任老为国家采金作出更多贡献"，并于当年至川在成都接见了他，当面征求他对西南地区采金的意见，指示冶金部聘请他为黄金技术顾问，专门指导川、滇、甘、青、藏地区的采金工作。

1978年后，85岁高龄的任乃强冤案得到昭雪，"右派"问题获得平反。他振奋不已，笔耕不辍，写成《羌族源流探索》《漫谈四川的黄金》两本专著，并出席了四川省科技大会。1979年，他请求回四川大学继续工作，因年高而被婉拒，此后便继续在家中赋闲，并撰写有《四川上古史新探》。

20世纪80年代以后，任乃强先后担任第四届、第五届省政协委员，四川省社会科学院特约研究员，西南民族学院特邀教授，中国民族史学会、四川省历史学会、四川省民族学会、四川省古籍整理规划小组顾问，四川省文史馆特约馆员，以及30多个地、市、州、县地方志编纂顾问。

1981年，仍乃强受聘担任四川省社会科学院特约研究员，并主持编撰《川边历史资料选编》，1982年写《冤案回忆录》，并提出申诉。

1983年，在中央和四川省有关部门关心下，再次为任乃强落实政策。是年，四川省社会科学院、西藏社会科学院部分学者邀请任乃强与李安宅、刘立千等藏学专家成立"川边历史资料编辑委员会"，由任乃强、李安宅任编委会主任，任乃强与任新建为第一编主编。自此，他专注《川边历史资料选编》编纂，对其体例、内容作了统一规划，并以80多岁高龄亲写前三章的注释作为范本，以供参考，该"资料"历时五年，在他去世前基本完成。1984年，任乃强发表《四川黄金开采》，出版《羌族源流探索》。

1985年，年逾九旬的任乃强以四川省社会科学院特约研究员名义，首次招收四川地方史、康藏史研究方向硕士研究生两名，与四川省社会科学院历史研究所的研究员张毅合作指导。

这一年，南充市家乡人请任乃强帮助编写地方志，他行动不便，被滑竿抬着接回老家住了一天，并重回岩洞"夏乐湾"。

1986年，任乃强获四川省社会科学优秀科研成果荣誉奖；1988年，再次荣获四川省社会科学优秀科研成果荣誉奖。

1989年2月的一天，任乃强刚完成《川边的历史、地理》的选录，下午突然中风，遂住院治疗。3月30日下午6时，他病逝于成都，享年96岁。遵照其临终遗言，归葬于旧居岩洞"夏乐湾"。

1979年至1989年是任乃强先生的最后10年，也是他创作最旺盛的时期。90岁后，他手颤难以命笔，但乃致力于典籍之考订校注，"未敢有日暮途穷之念者，深感盛世难逢，余力当尽也"，连续写成《四川上古史新探》《羌族源流探索》《山海经新探》《青藏高原采金刍议》《四川黄金史》等7部专著，主编了300万字的《川边历史资料汇编》，同时还发表了《吐蕃传地名考释》《四川各县市地名考释》等20多篇论文，指导康藏史研究方向硕士研究生。此外，他还赴省内外各地方志班授课，给各地修志答疑等。已耄耋之年的他这种源于欣逢盛世的感奋和老当益壮的精神，以及其超人的精力，可谓是国内外罕见，也是我们永远学习的榜样。

为纪念任乃强先生，嘉陵区已将其旧居确定为第二批区级文物保护单位。为彰显和传承任乃强的学术精神及其贡献，南充高中文峰校区2024年新建的科技中心大楼被命名为"筱庄科技中心"。

南充高中文峰校区"筱庄科技中心"

【参考文献】

1. 任乃强：《筱庄笔记》，任新建、何洁整理，2017—2019年陆续刊发于《中国藏学》杂志。

2. 任新建、周源：《任乃强先生纪念文集——任乃强与康藏研究》（合集），中国藏学出版社，2009年。

（赵启书，中共嘉陵区委宣传部副部长）

# 百岁女红军：王定国

李建春

**王定国**（1913—2020），四川省营山县人，老红军，全国政协原副主席谢觉哉的夫人，中国人民政治协商会议第五届、第六届、第七届全国委员会委员，国家机关事务管理局原正局级干部，中国文物学会名誉会长，中国长城学会创始人之一、名誉会长。

王定国

## "叛逆"农家女

1913年2月4日（农历癸丑年腊月二十九），王定国出生于四川省营山县安化乡爬山村的一个王姓家庭，小名乙香。那时，四川军阀割据，王家没有一块田地、一间房屋，唯一的栖身之所，是一个借别人一面山墙搭建的茅棚。

幼小的乙香早早挑起生活的重担，六七岁便到乡场面食馆推磨挣钱。由于家境贫寒，她未满周岁的妹妹被活活饿死，父亲也因积劳成疾而病故。因为没钱葬父，被迫卖掉三岁半的二弟，换回四块棺材板和两升麻豌豆。父亲走后，生活更加艰难，母亲不得不将未满16岁的她送到邻村李家当童养媳。

1929年前后，川东地下党来到营山秘密发动群众、组织农会，乙香的两个舅舅李忠胜、李忠斌常常带一些朋友来家聚会，那个简陋的家便成了农会活动的秘密联络点。在这期间，乙香有幸认识了杨克明（人称"杨布客"）、张静波等一批地下党员，而当时负责放哨的她并不知道他们的真实身份。

在舅舅的朋友中，以卖布做掩护的地下党员杨克明，常给乙香讲述外面的事儿，让她知道了"山那边小孩子上学不要钱""重庆的女娃儿不缠脚"以及"有钱人不许打人骂人欺负人"等新鲜事，这为她带来了一个全新的世界。随后，她在舅舅和杨克明、张静波等人的鼓励与帮助下，果断改名为"王定国"，并剪掉了长辫子，去掉了裹脚布，同时还解除了自己与李家的婚约。此后，她积极配合当地农会宣传女人放小脚、男女平等新主张，动员妇女们积极参加农会。她要用实际行动对自己的命运说"不"。

1933年10月，许世友率领红四方面军红九军挥师南下，解放了营山，20岁的王定国毅然参加了红军。营山县成立苏维埃政权后，她当选为内务委员会委员。内务委员会主席李禹候在战斗中牺牲后，她又代理主席职务。当年11月，中共营山县委在消水河地区召开党代会期间，王定国光荣加入中国共产党，并担任县苏维埃政府妇女部部长。

12月，由于四川军阀杨森疯狂反扑，为保卫年轻的苏维埃政权，支援红军作战，县苏维埃政府组建营山妇女独立营，县委书记王崇道兼任政委，王定国任营长。该营主要担负抬担架、送弹药的任务，同时进行军事训练，随时准备打仗。她率领妇女独立营在三元、五块石、消水河一带抬担架、送弹药，剿匪杀敌、抓俘虏。

1934年1月，妇女独立营一部分被编入川陕妇女独立团，一部分被分到红四军、红九军、红三十一军。王定国和县苏维埃政府的16名妇女干部，则被安排到巴中川陕省苏维埃学校学习。她由于成绩优异，被组织上留在川陕省苏区机关工作。当年秋，王定国任川陕省苏维埃卢森堡经济公社社长。由于她平时活泼好动、爱唱爱跳，不久后又被抽调到中共川陕省委领导的新剧团（后改为红四方面军总政治部文工团），做文艺宣传工作，重点负责化妆、道具等事务。

## 漫漫长征路

1935年3月29日，红四方面军在苍溪城东南3公里处的塔山湾打响了强渡嘉陵江战役。当时，王定国就在其中一条被称为"毛蚌壳"的小船上，她亲眼看见很多战友牺牲在渡江战斗中。

6月，红一方面军和红四方面军在四川懋功会师。在会师联欢会上，王定国第一次见到毛泽东、周恩来、朱德、王稼祥、刘伯承等中央领导人。在这里，王定国邂逅了干部休养连的谢觉哉，但不久后两人便在行军途中走散。26日，中共中央举行两河口会议，决定北上建立川陕甘革命根据地，她随剧团来到卓克基，为后来的长征做准备。

1936年1月中旬，王定国随剧团翻越夹金山，慰问红五军三十七团。2月，她又随部队翻越折多山主峰，以及海拔5000多米高的党岭山。当时正处寒冬，部队到山顶时虽是中午，但狂风雪浪阵阵袭来，天空一片昏暗。女战士们无法前行，便紧裹破棉被抱团取暖。风雪过后，王定国发现自己露在被子外面的一只脚早已被冻僵，轻轻一揉一根脚趾便被折断，从此也留下了她"九趾红军"的佳话。

1936年10月，红军三大主力在甘肃会宁会师。随后，为执行中央"宁夏战役计划"，红四方面军第九军、第三十军、第五军西渡黄河，王定国所在的剧团也随部队行动。11月，中央军委命令已过河的部队组建为西路军，向河西走廊挺进，剧团也改名为"红西路军前进剧团"。途中，王定国的双腿先后被流弹击伤，但她只做简单包扎后又继续行军打仗、表演节目，鼓舞士气。

红军西征途中，王定国不幸被俘，但她不顾个人安危，在狱中积极开展对敌斗争，掩护和营救被俘和失散的红军战士。

### 情定黄河边

"延安五老"之一、新中国司法制度奠基者之一的谢觉哉（右）与王定国夫妇合影

1937年8月，党中央在兰州成立八路军办事处（以下简称"八办"），由谢觉哉任党代表。"八办"一项重要任务，就是营救和寻找红西路军被俘、失散人员。当时，获救的王定国来到"八办"后，再一次遇到比她大29岁的谢觉哉，两人在朝夕相处中情定终身。一天晚上，谢觉哉为赶写一篇文章，让王定国去找《民国日报》《西北日报》等报刊资料，王定国因识字不多，几次都拿错。自那以后，谢觉哉每天都会抽时间教王定国学文化，很快她便成了谢觉哉工作上离不开的左膀右臂。

王定国打得一手好麻将，也是从"八办"开始的。当时，周恩来从苏联回国到兰州小住，他对王定国说："你现在身份不一样了，需要接触国民党高层的太太，要多学会一种社交手段。"于是，周恩来亲自教她打麻将，她一学就会，很快练就了一套同妇女界名流以及国民党官僚的太太、小姐们打交道的本事，并通过她们去影响各自的亲友，使其了解和赞同中国共产党的政策和主张，支持抗日活动。她曾通过打麻将等社交活动，把国民党兰州省政府主席贺耀祖的夫人倪斐君发展成中共党员，为抗日民族统一战线做出了贡献。

1940年，王定国从兰州前往延安，与提前到延安任中央党校校长的谢觉哉团聚，并担任他的秘书。随后，她先后进入中央党校、延安女子大学，一边工作一边学习。

在延安大生产运动中，王定国、谢觉哉和他们所在的生产小组成员一起开荒、种地、养猪、养家禽，在生活上不仅做到自给自足，而且其生产的优质农产品还供应中央机关，慰劳南下归来的王震所部。由于成绩突出，王定国被评为劳动模范，出席陕甘宁边区劳模大会，并荣获由毛泽东主席亲笔题写的"再接再厉"四个大字的锦旗。

此外，王定国和谢觉哉还从事副业生产，如边区印刷厂油墨奇缺，他们就到处搜集烟灰、蓖麻油等原材料，生产出合格的油墨。他们生产的酱油、醋，不仅味道好，还干净卫生，毛泽东、周恩来、刘少奇等中央首长，都很欣赏他们生产的产品。

## 革命之家庭

王定国和谢觉哉一生艰苦朴素，从来不搞特殊化，不谋私利，对家人也是如此严格要求。他们有五个儿子、两个女儿，个个平易近人。长女谢宏生前是财政部的一个处长，次女谢亚霞在德国从事医学工作，长子谢飘退休前供职于国家经贸部，次子谢飞是北京电影学院教授，三子谢烈退休前在中国远洋运输公司工作，四子谢云退休前在解放军总参谋部工作，五子谢亚旭曾供职于国务院机关事务管理局。

1971年6月15日，谢觉哉与世长辞。王定国主动遣散秘书，辞退司机，搬出了带院子的大房子。

王定国全家合影

从1978年起，按照时任党中央总书记胡耀邦的要求，王定国开始协助整理谢觉哉留下的手稿、日记。历时6年，她先后协助整理、撰写、出版《谢觉哉传》《谢觉哉书信集》《谢觉哉日记》等多部历史文献，共500多万字。

王定国乐观坚毅，即使是失去亲人、身患癌症，也从未被悲伤击倒。她还把乐观精神传达于人，把帮助人、救助人当成自己的责任和义务。谢觉哉逝世后，王定国曾对孩子们说："现在我要做自己的事情了，以后你们的事我一个不管，你们的下一代我一个不带。"王定国所说的"不管""不带"，并不是不关心爱护自己的子孙，而是要充分发挥余热，为党、为祖国、为人民多做实事。

王定国的"热心肠"对大儿子谢飘来说，曾经有些难以理解：母亲虽然为很多人帮过忙、跑过路，却从没在他考学、当兵、提干、复员直到退休的任何阶段，为他跑过一次关系。小儿子谢亚旭在南京军区当兵十多年，从来没人知道他是"高干子女"。

1983年，年逾古稀的王定国听说甘肃河西走廊还有当年和她一起出生入死的战友，心情非常激动，当即决定自费到阔别数年的河西走廊考察，寻找40多年前流落在当地的红西路军战友们。在近两个月时间里，她行程上千公里，先后找到陈淑娥、姚子珍、何之芳等数十位红西路军老战士。在了解他们的生活现状后，她返回北京立即起草了"考察报告"，从而引起中央高度重视，随即这个几十年来的历史遗留问题很快得到了圆满解决。

## 翰墨写春秋

1983年，王定国年满70岁，在此之后她竟破天荒拿起笔，开始练书法、作诗歌、习绘画，开启了她的翰墨人生。由于勤奋努力，其进步神速，成果丰硕，共创作诗词近500首、书画作品530余幅，先后出版《后乐先忧斯世事》《定国文存》等近百万字的文学作品及《王定国书画集》等书画作品。

凡到过王定国家的人，无不被她客厅里别具一格的装饰所吸引。茶几、方桌上摆满了与红军有关的雕塑、画册、工艺品、书籍，四周墙壁上挂满了与红军和家庭有关的书画、摄影作品。仔细一看，不少作品上都有"王定国"三个遒劲有力的大字。在《八年抗战忆延安》《记腊子口》《红军西进歌》等书法作品中，展示出了王定国独创的"王体"笔锋；《强渡嘉陵江》《雄鸡一唱天下白》《红军不怕远征难》《长城颂》《巴山蜀水》等绘画作品，更是表达了她对红军与长征、对中国革命的深情礼赞。

在王定国家客厅墙壁上，有一张照片格外引人注目。那是2012年春节前夕，习近平总书记在人民大会堂拉着她的手，去参加春节团拜会时的情景。据王定国家人讲，几乎每年春节团拜会，习近平总书记都要问王老到没到，并挤出时间与她拉拉家常。

翻开《王定国书画集》，从大幅彩墨画《强渡嘉陵江》中，我们感受到了王定国对曾经经历过的战斗、战友的永志难忘、深情缅怀；在长卷山水《长城颂》《巴山蜀水》《井冈山》中，我们感

2016年9月21日，王定国挥毫写下"长征万岁"四个大字

受到她对祖国山河、故乡热土的一往情深；而从大量生趣盎然、色彩缤纷的小品《荷花》《秋菊》《牡丹》《月季花》《奔马》《熊猫》《苍蝇》《耕牛》《企鹅》《雄鸡》中，我们也感受到她对生活、大自然、生灵万物的赞美、呵护与关爱。

王定国是中央电视台感动中国人物2016年度候选人，是2017年春晚年龄最大的女红军，有"国姐"之誉，她不仅受到老战友、老朋友、老同事、老上级的尊敬，更受到全国人民的爱戴和敬仰。

## 迈上新征程

晚年的王定国，不仅时刻都牵挂着老区的发展，还关心着祖国的建设和未来。1984年6月，中国文物学会前身"中国老年文物研究学会"成立，她任副会长，并开展对国家历史文物研究、保护等工作，且促成《中华人民共和国文物保护法》的尽早颁布。

1987年6月25日，中国长城学会在北京成立，王定国被选为驻会常务副会长兼秘书长。王定国坚持"三不要"原则：不向国家要

经费、要编制、要办公场所。学会没有办公室，她的家就成了办公室，工作人员日常吃饭的费用，都从自己的离休工资里扣除。她还连续3年组织群众性慕田峪长城越野赛，组织长城沿线11家电视台拍摄38集专题片《万里长城》并发行到世界各国。

同时，王定国还将目标投向青少年和老年人，她通过宣讲亲身经历的长征故事、看望失足青少年、参加"关心下一代·爱行天下"捐赠活动、救助地震灾区贫困学生等等，对孩子们尤其是特殊群体的孩子倾注浓浓爱心。孩子们都亲切地称她为"红军奶奶"。

此外，王定国还特别关注国家林业和生态建设。20世纪90年代，她曾多次到宁夏、甘肃、内蒙古等地考察荒漠化问题，向国务院提交"防止沙漠化扩大的报告"，并组织召开两届沙棘防沙固沙国际研讨会，推动防沙固沙治沙事业的发展。同时，她到全国30多个省市了解林业生态建设情况，多次向有关部委提交考察报告，并身体力行亲自参加植树造林。2008年，她再次回营山老家，考察南北两河综合整治工程，并在北门河边种植一棵黄葛树，在营山中学种植两棵银杏树。

2009年4月，在中央电视台举办的"同种一棵绿树，共建生态中国"颁奖晚会上，王定国被全国绿化委员会授予中国生态贡献奖"特别奖"。2011年，在"生态行动助力中国"活动中，她又被授予"终身生态贡献奖"。2012年3月，中国林业生态发展促进会正式成立，王定国出任终身名誉主席。

2020年6月9日，王定国在北京逝世，享年107岁。

## 【参考文献】

1. 《中国工农红军第四方面军战史资料选编》，中国工农红军第四方面军战史编辑委员会编，解放军出版社，1993年。

2. 李跃新、徐娜、白旭晨著：《走完长征的女红军》，人民出版社，2020年。

3. 王友平主编：《长征中的川籍女红军》，四川辞书出版社，2016年。

4. 王定国著：《留在昨天的情思》，重庆大学出版社，1991年。

5. 王定国著：《定国文存〈回眸集〉〈偶得书〉〈王定国日记（上下册）〉》（全3卷4本，人民出版社，2007年）。

6. 王定国著，单敏主编：《王定国书画集》，荣宝斋出版社，2013年。

7. 王定国著：《我的长征路》，法律出版社，2017年。

8. 《人民画报·百岁红军王定国革命历程特刊》，2013年5月。

9. 《川陕革命根据地文化史料选编》，四川省文化厅、陕西省文化厅编，三秦出版社，1997年。

10. 杨宪东：《王定国忆秘书工作：愿把涓涓付巨流》，载《秘书工作》2018年第3期，本文经王定国家人谢飘、谢亚旭和身边工作人员阳琼仙审定。

11. 王定国著，谢飞选编：《百岁红军百年路·百岁女红军王定国的人生传奇》，人民文学出版社，2023年。

（李建春，营山县作家协会主席）

# 附 录

## 南充历史名人

| 姓名 | 朝代 | 生卒年 | 籍贯(现行行政区划) | 个人成就 |
|---|---|---|---|---|
| 苏 敏 | 东汉 | ?—? | 嘉陵区 | 女扮男装替父从军，受封都尉 |
| 王 平 | 蜀汉 | ?—248 | 营山县 | 率军北伐，受封镇北大将军 |
| 马 忠 | 蜀汉 | ?—249 | 阆中市 | 平定川南与云、贵等地叛军，官拜镇南大将军 |
| 李 特 | 西晋 | ?—303 | 营山县 | 率流民起义，成就成汉政权 |
| 谯 纵 | 东晋 | ?—413 | 南部县 | 割据成都称王，成为后蜀国君 |
| 马 涓 | 北宋 | ?—1126 | 南部县 | 状元及第，公正治世，时有政声 |
| 张 宪 | 南宋 | ?—1142 | 阆中市 | 六艺精熟，抗金名将 |
| 游仲鸿 | 南宋 | 1138—1215 | 顺庆区 | 进士及第，直谅多闻 |
| 游 似 | 南宋 | ?—1252 | 顺庆区 | 游仲鸿之子，官至右相，人称"蜀中贤相" |
| 马廷用 | 明代 | 1446—1519 | 西充县 | 官至礼部右侍郎，教子有方，闻名于世 |
| 马 金 | 明代 | 1464—1549 | 西充县 | 马廷用之子，官拜浙江布政使，时称"天下清廉第一" |
| 索义廷 | 明代 | ?—? | 由怀化迁居阆中 | 阆中保宁醋酿造之始祖，人称"醋神" |

| 姓名 | 朝代 | 生卒年 | 籍贯（现行行政区划） | 个人成就 |
|------|------|--------|-----------------|----------|
| 徐占彪 | 清代 | 1840—1892 | 西充县 | 从左宗棠平定新疆，"勋高铜柱" |
| 于式枚 | 清代 | 1853—1916 | 由贺县迁居营山 | 曾为兵部主事，后为《清史稿》总阅 |
| 蔡镇藩 | 清代 | 1864—1914 | 营山县 | 参与筹备四川咨议局，后为清末四川造币厂总办 |
| 王文成 | 近现代 | 1880—1961 | 生于安岳，葬于顺庆 | 支持祖国抗日战争，后为中国天主教爱国会副主席 |
| 盛克勤 | 近现代 | 1882—1931 | 顺庆区 | 蚕丝实业家，丝绸产品名噪欧美 |
| 奚致和 | 近现代 | 1885—1955 | 由潼南迁居南充 | 力行实业救国，资助民主革命运动 |
| 吴季蟠 | 近现代 | 1889—1933 | 嘉陵区 | 中共旅欧支部成员，创建川北党组织 |
| 伍非百 | 近现代 | 1890—1965 | 蓬安县 | 名辩学家，早年投身辛亥革命，后从事高等教育 |
| 张雪岩 | 近现代 | 1892—1981 | 营山县 | 早期加入马克思主义研究会，在川主办进步报刊，后为四川省人民政府参事 |
| 任炜章 | 近现代 | 1893—1933 | 南部县 | 建立"川北民众救国义勇军"，后任红四方面军独立第一师师长 |
| 张怡荪 | 近现代 | 1893—1983 | 蓬安县 | 国内多所大学任教，著名藏学家，《藏汉大辞典》主编 |
| 王恩阳 | 近现代 | 1897—1964 | 嘉陵区 | 潜心佛学研究，完成多部论著 |
| 何以端 | 近现代 | 1900—1978 | 营山县 | 旅欧中共党员，后任中国煤炭科学研究院院长 |
| 张鼎铭 | 近现代 | 1900—1985 | 阆中市 | 国内多所大学任教，著名数学家 |
| 林修杰 | 近现代 | 1901—1927 | 高坪区 | 旅欧中共党员，中共江西赣北特委书记 |

| 姓名 | 朝代 | 生卒年 | 籍贯（现行行政区划） | 个人成就 |
|---|---|---|---|---|
| 蓝梦九 | 近现代 | 1901—1953 | 蓬安县 | 国内多所大学任教，著名土壤学家 |
| 宋　烈 | 近现代 | 1909—1976 | 阆中市 | 川陕根据地参加革命，后任公安部队副政委 |
| 袁　观 | 近现代 | 1910—1950 | 高坪区 | 新中国成立后首任南充市市长 |
| 康乃尔 | 近现代 | 1910—1980 | 顺庆区 | 参与抗日救亡运动，后任四川省副省长、四川大学校长 |
| 于江震 | 近现代 | 1911—1967 | 西充县 | 早期从事中共地下斗争，后任中共中央西南局书记处书记 |
| 何以祥 | 近现代 | 1911—1994 | 西充县 | 身经百战，1955年被授予少将军衔，后任南京军区副司令员 |
| 陈全波 | 近现代 | 1913—1992 | 蓬溪县 | 川剧名丑，著名表演艺术家 |
| 安志敏 | 近现代 | 1916—1967 | 阆中市 | 抗战爆发后从事航空工作，1955年被授予少将军衔，后任广州军区空军副司令员 |
| 宋献璋 | 近现代 | 1917—1990 | 阆中市 | 在家乡参加红军，1955年被授予少将军衔，后任东海舰队副政委 |
| 王　揖 | 近现代 | 1918—1986 | 阆中市 | 曾在延安从事新闻工作，后任《人民日报》副总编 |

后记

习近平总书记在不同时间、不同场合反复强调指出："文化自信是一个国家、一个民族发展中更基本、更深沉、更持久的力量。"《绸都果城·灵秀南充》（历史名人卷）正是顺应新时代的要求，由中国人民政治协商会议第七届南充市委员会编纂出版的"绸都果城·灵秀南充"丛书之一。

南充是嘉陵江畔一颗璀璨的明珠，早在新石器时代就有先民居住，古为"有果氏"之国，现南充三区一市五县基本上就是建置最早的三县（阆中、安汉、充国）、三州（蓬州、阆州、果州）的辖境。

本书所列历史人物侧重自秦汉到近现代之间不同历史发展阶段，不同社会领域，对推动社会进步产生过重要影响的南充籍代表性人物，如诳楚成汉将军纪信、辞宗赋圣司马相如、天文学家落下闳、一代硕儒谯周、《三国志》作者陈寿、明代父子宰相陈以勤和陈于陛，以及开国元勋朱德、民主革命家张澜、共和国大将罗瑞卿等，其中也不乏对南充发展有着重大贡献的外籍人士，如清代思想家姚莹、汀州才子江怀廷等。当然，对南充发展有贡献的本籍、外籍人士还有不少，由于篇幅有限，我们将其中的主要人物以附录的形式呈现给读者。

在编纂过程中，我们参考了大量的历史文献、学术研究成果，力求做到内容准确、翔实。同时，为了增强史料的可读性，进一步激发读者对南充人文历史的兴趣和探索，我们采用图文并茂的形式，以通俗易懂的方式叙述他们所取得的不凡成就，进而达到宣传人民政协文史资料工作，以及在新时代扩大南充对外影响力的目的。

本书的编纂不仅得到了南充市政协主席廖伦志、副主席傅宗洪以及秘书长陈勇的关心和支持，还得到了许多专家学者的帮助。特别是作为本书特聘顾问的西华师范大学历史学教授康大寿，他以70多岁的高龄奔走于三区一市五县及高校图书馆，不仅提笔撰改文稿，还与作者面对面沟通交流，其学术精神深深地感染着编委会每一名成员。

此外，书中图片除注明出处的，均由相关县（市、区）文广旅局或作者本人提供，在此一并向他们以及参与本书编辑工作的同志表示衷心的感谢。

由于我们水平有限，书中难免存在一些疏漏和不足之处，敬请读者批评指正。

编　者

2024年11月